BENNY YU

MILAGRE em MEIO à DOR

QUANDO CAMINHAR PELA DOR NOS LEVA À VITÓRIA

Editora Quatro Ventos
Avenida Pirajussara, 5171
(11) 99232-4832

Diretor executivo: André Cerqueira
Editora-chefe: Sarah Lucchini
Gestora de projetos: Priscilla Domingues
Tradução: Mara Eduarda Garro

Supervisão Editorial:
Mara Eduarda Garro
Marcella Passos
Natália Ramos Martim

Equipe Editorial:
Ana Paula Gomes Cardim
Gabriella Cordeiro de Moraes
Giovana Mattoso
Hanna Pedroza
Paula de Luna

Revisão: Bruna Gomes Ribeiro

Equipe de Projetos:
Acsa Q. Gomes
Ana Paula Dias Matias
Débora Leandro Bezerra
Letícia Souza
Nathalia Bastos de Almeida

Coordenação do projeto gráfico: Ariela Lira
Diagramação:
Gabriela Souto
Suzy Mendes
Capa: Vinícius Lira

Todos os direitos deste livro são reservados pela Editora Quatro Ventos.

Proibida a reprodução por quaisquer meios, salvo em breves citações, com indicação da fonte.

Todas as citações bíblicas e de terceiros foram adaptadas segundo o Acordo Ortográfico da Língua Portuguesa, assinado em 1990, em vigor desde janeiro de 2009.

Todo o conteúdo aqui publicado é de inteira responsabilidade do autor.

Todos os nomes citados são fictícios para a proteção dos envolvidos, salvo em casos de nomes reais autorizados legalmente pela própria pessoa citada.

Todas as citações bíblicas foram extraídas da Nova Almeida Atualizada (NAA), salvo indicação em contrário.

Citações extraídas do site *https://www.bibliaonline.com.br/naa*. Acesso em março de 2022.

Publicado em inglês por Benjamin Yu, Santa Ana, Califórnia.

Título em inglês: Painful Miracles: When Walking Through Pain Puts Us on the Path of Miraculous Breakthrough - Yu, Benny.

Copyright © 2021 da Editora Benjamin Yu. Direitos cedidos pela Editora Benjamin Yu à Editora Quatro Ventos.

1ª Edição: novembro 2022

Ficha catalográfica elaborada por Bibliotecária Janaina Ramos – CRB-8/9166

Y94

Yu, Benny

Milagre em meio à dor: quando caminhar pela dor nos leva à vitória / Benny Yu; Mara Eduarda Garro (Tradução). – São Paulo: Quatro Ventos, 2022.

Título original: Painful miracles: when walking through pain puts us on the path of miraculous breakthrough.

176 p.; 14 X 21 cm

ISBN 978-65-89806-38-7

1. Cristianismo. 2. Cura. 3. Milagres. I. Yu, Benny.
II. Garro, Mara Eduarda (Tradução). III. Título.

CDD 230

SUMÁRIO

Introdução...17

1. A dor sendo transformada em uma plataforma........**19**

2. Suas cicatrizes são o seu testemunho......................**33**

3. Busque Aquele que cura, não a cura.........................**49**

4. É hora de se divertir!..**65**

5. Você quer receber uma bênção?................................**83**

6. Homens de branco..**101**

7. Ande, não corra..**115**

8. Pare de andar preocupado com os resultados......**131**

9. Um crescimento além da medida...........................**147**

10. Cura restauradora..**161**

ENDOSSO

Por estar em constante contato com a dor do próximo, Benny tem autoridade para falar acerca desse assunto como poucos — e, nesta obra, ele o faz com destreza. Por meio do poder do testemunho e de princípios bíblicos poderosos, as páginas deste livro podem ajudar você a ressignificar sua dor, trazer-lhe esperança e cura, além de abrir a porta para o agir sobrenatural de Deus.

TEÓFILO HAYASHI
Pastor sênior da Zion Church
Líder e fundador do Dunamis Movement
Colíder do The Send

DEDICATÓRIA

Minha família é uma das partes mais importantes da minha vida, e eu dedico este livro a ela. À Janice, minha esposa, que lutou e orou comigo durante as provações e vitórias; alegro-me a cada manhã por tê-la ao meu lado e por enfrentarmos tudo juntos, à medida que introduzimos a cultura do Reino Celestial na realidade terrena. À Charis e ao Micah, meus filhos, que tanto sacrificaram ao longo desta jornada; estou muito orgulhoso de vocês, que têm se tornado uma mulher e um homem de Deus.

Também dedico esta obra a todos os que lutam por justiça ao redor do mundo; aos que atuam na linha de frente desta batalha, em busca do resgate da dignidade humana. Lembrem-se sempre de que a vitória já foi conquistada, e, assim, podemos ter alegria constante e uma esperança firme ao enfrentar qualquer tipo de perigo. Somos infinitamente mais fortes quando estamos juntos, por isso devemos manter a unidade acima de tudo.

A todos os meus queridos amigos do Brasil, ofereço-lhes as palavras deste livro, pois vocês se tornaram uma família para mim. Téo, sua liderança é mais do que inspiradora, é globalmente contagiante; Titus, você é como meu irmão, e sua generosidade é o seu dom; Eddie, você é uma força feroz para o Reino; Paulão, estou certo de que vou comer com você em qualquer lugar do mundo, estamos unidos pelo estômago; Zoe, continue a fluir poderosamente em sua criatividade em todas as escalas; Taty e Letícia, obrigado por todos os longos anos de trabalho duro e sacrifício, vocês transformaram a visão em realidade.

Por fim, sou profundamente grato a todos da Editora 4 Ventos, pelo trabalho árduo e pelos *insights* criativos. André, nunca me esquecerei da refeição interminável que compartilhamos em São Paulo; Priscilla, Letícia e Duda, obrigado por todo o apoio e por acreditarem neste projeto.

PREFÁCIO

Diversão.
Loucura.
Intensidade.
Paixão.
Gentileza.
Amor.
Coração.
Liderança.
Basquete.
É assim que vejo Benny Yu.
Eu o conheci nos tempos do seminário. Desde então, tenho o visto crescer como marido, pai e, agora, um líder de líderes no âmbito global.

Seus esforços têm sido reconhecidos por organizações americanas, mexicanas, brasileiras e de vários países europeus, bem como nas Nações Unidas. Aliás, já estava na hora de isso acontecer. Fui testemunha da obra necessária que ele realizou antes mesmo de perceberem sua existência. Ele já se dedicava quando o trabalho ainda não havia começado de modo nítido.

São circunstâncias como essas que nos colocam à prova, quando todo apoio e validação desaparecem. Títulos, diplomas, sucessos e realizações se vão e nos encontramos sozinhos. Esses momentos evidenciam quem somos sem todos os acessórios, independentemente de elogios ou críticas.

Benny já enfrentou muita coisa. Quando criança, sofreu ataques terríveis à sua identidade. No entanto, tem olhos para enxergar, até mesmo seu passado, como Deus vê. Ele foi para a Tailândia comigo e com um grupo de líderes jovens para "mudar o mundo", mas, embora tenhamos feito algo de bom por lá, as transformações reais aconteceram dentro de nós. Ali, Benny recebeu os *downloads* de que precisava sobre si e seu futuro para embarcar em uma aventura no México e mais além.

Eu o vi jogar, intensamente, muito basquete na rua. Testemunhei o começo de seu trabalho naquele país que não tinha promessa de financiamento, e o visitei depois que ele quase foi morto. Nós choramos juntos.

Também demos algumas das gargalhadas mais contagiantes ao lado um do outro, caminhando pelas ruas coloridas da Cidade do México, Bangkok, L.A. e São Paulo. É claro que, enquanto andávamos, fazíamos questão de comer toda comida de rua que víamos no trajeto. Até hoje, devo a Benny por ter me levado ao melhor estande de *taco al pastor* do mundo, perto de Coyoacán. Sim, o melhor.

A vida dele é um milagre. Assim como sua jornada, experimentando a provisão de Deus dia após dia. Eu amo esse cara e tenho certeza de que você também vai amá-lo, ao conhecer seu coração revelado neste livro.

Fico muito feliz por Benny ter escrito esta obra. *Milagre em meio à dor* é, de fato, a sua vida, é sobre como Deus pode transformar a dor em beleza. Ele é um seguidor de Jesus dos tempos modernos, que verdadeiramente acredita que Nárnia é real. Espero que, com esta leitura, você passe a enxergar o mundo e a si mesmo como ele vê. Se fizer isso, experimentará o Céu todos os dias.

DAVE GIBBONS
**Pastor da Aliança Global de
Igrejas Newsong e fundador da ZEALOT**

INTRODUÇÃO

"Doloroso" parece um adjetivo impreciso para descrever milagres. Geralmente, eles nos libertam da dor, por isso não os associamos a ela. E, por favor, não me entenda mal; estou totalmente confiante de que os milagres nos livram da angústia. No entanto, este livro propõe que, na maioria das vezes, há uma forma de lidar com nossa dor que nos leva a um caminho sobrenatural. Infelizmente, como muitos de nós a tememos ou evitamos, acabamos não vivendo o extraordinário.

Por isso, gostaria de compartilhar com você minhas histórias sobre como atravessei o sofrimento e a desesperança, encontrando maravilhas no caminho. Essas experiências pessoais, bem como aquelas que testemunhei em mais de uma década lutando, na linha de frente, contra o tráfico de pessoas, ensinaram-me alguns princípios importantes do Reino. Tenho certeza de que eles podem ajudá-lo em seu próprio processo de cura, restauração e expectativa por milagres.

A jornada que estamos prestes a fazer juntos vai desafiá-lo quanto à maneira como você lida com suas feridas passadas, suas batalhas do presente e seu amanhã. É possível, também, que algumas memórias indesejadas sejam desencadeadas, mas não desanime. Lembre-se de que Deus prometeu Sua presença constante e Seu

Espírito Santo como um ajudador e conselheiro em tempos de dificuldade (cf. João 14.15-21).

Gostaria de poder oferecer, aqui, todas as respostas de que você precisa para ser curado. Esse, porém, não é o meu trabalho, e sim do Espírito Santo. O que posso fazer é falar sobre as partes do processo de cura pelas quais somos responsáveis, ajudá-lo a entender como abrir mão do resto, e propor os passos necessários para prosseguir rumo ao desconhecido. Minha esperança é que, com este livro, sua fé se desenvolva a ponto de você acreditar que o milagre pode surgir do desconforto, da dor e da incerteza.

Primeiro, temos de eliminar os bloqueios em nossa mente, para, então, experimentarmos um romper em nossa vida. Ainda mais importante é compreender que cada passo que avançamos vem com uma responsabilidade maior.

No final dos capítulos, incluí uma seção para que você vá além da reflexão e tenha uma experiência pessoal com cada princípio. Isso pode até desacelerar sua leitura, mas é um momento importante. Assim, será possível assumir suas convicções e permitir que o Espírito Santo o conduza a uma intimidade mais profunda com Ele. Oro para que, além de agradável, este livro seja uma bênção para você e sua família.

CAPÍTULO 01

A dor SENDO TRANSFORMADA em UMA plataforma

Capítulo 1

CAVANDO FUNDO NAS MEMÓRIAS

Meu testemunho pessoal é uma parte crucial do motivo pelo qual minha esposa e eu decidimos responder ao chamado de Deus para o ministério de luta contra o tráfico humano e a escravidão moderna. Os primeiros capítulos deste livro relatam uma parte da minha jornada, que começou com a dor e terminou com a restauração que recebi por meio de um encontro milagroso com Aquele que cura, Jesus Cristo. É uma caminhada que se iniciou em minha infância e segue até a idade adulta, quando aprendi sobre a necessidade de confrontar memórias dolorosas. Isso porque o processo que vivi me fez entender o quanto eu precisava de uma cura profunda.

Muitos de nós tentamos enterrar memórias difíceis no fundo do nosso inconsciente, sem perceber que elas afetam as nossas decisões diárias e, mais do que isso, interferem diretamente na qualidade do nosso relacionamento com as pessoas que amamos. Estou convencido de que prestamos um grande desserviço a nós mesmos ao manter nossa dor sem ser tratada; isso nos impede de desenvolver, de fato, o nosso potencial como filhos de Deus.

Portanto, é fundamental entrarmos no processo de redenção das lembranças

> **Estou convencido de que prestamos um grande desserviço a nós mesmos ao manter nossa dor sem ser tratada; isso nos impede de desenvolver, de fato, o nosso potencial como filhos de Deus.**

angustiantes de uma vez por todas. Devemos triunfar sobre o mal que tem afligido nossas vidas e transformá-lo em bênção. Quando fazemos isso, pegamos as armas que o Inimigo tem usado para nos atormentar e acusar, e as forjamos como uma espada vitoriosa, que não apenas extingue as mentiras de Satanás, mas também traz avanços ao Reino de Deus.

A cura requer um percurso no qual devemos nos engajar de modo intenso e intencional. Para mim, fazer uma simples oração ou recitar frases de autoajuda não foi o suficiente. Tampouco praticar o *mindfulness*.[1] Tive de fazer uma meditação profunda, além de autorreflexão, para extrair as experiências dolorosas mais obscuras da minha vida. Reagi física e emocionalmente a esse processo, o que — para dizer o mínimo — não foi fácil. Busquei conselhos sábios e recebi sessões de oração guiada, que me ajudaram nas partes mais desafiadoras de relembrar a dor.

O resultado mais maravilhoso e poderoso foi realmente entender a mim mesmo e quem Deus é na minha vida. Cheguei a uma compreensão mais profunda do amor incondicional, da graça incessante e, acima de tudo, da presença constante do Senhor em meus dias. A revelação de que Ele me acompanhava em minhas experiências mais sombrias e dolorosas me trouxe grande conforto e paz. Esse é o ponto mais importante

---

[1] N. T.: *Mindfulness* ou atenção plena é uma prática de meditação que busca focar no tempo presente. Geralmente, está associada a filosofias orientais. Disponível em *https://mindfulnessbrasil.com/o-que-e-mindfulness/*. Acesso em outubro de 2021.

Capítulo 1

desta história. Não quero que nos encontremos presos em um turbilhão, falando sobre os nossos problemas o tempo todo. Em vez disso, quando passamos por um processo de cura adequado, realmente conhecemos Aquele que restaura e que é capaz de nos transformar por completo.

ÀS VEZES, ESCONDEMOS NOSSAS MEMÓRIAS DE NÓS MESMOS

Antes de meus pais se tornarem missionários na América do Sul, tínhamos uma vida típica de imigrantes nos EUA. Eles se casaram na Coreia do Sul e se mudaram para Washington D.C. Quase um ano depois, eu nasci. Meus pais trabalharam o máximo que puderam em empresas próprias, para sustentar nossa família. Minha avó estava regularmente em nossa casa, para cuidar do meu irmão mais novo e de mim, depois que voltávamos da escola.

Nós nos mudamos algumas vezes, sempre procurando uma casa maior e um distrito escolar melhor. Por fim, fomos morar em Chantilly, Virgínia, onde fiz novos amigos em nossa vizinhança, brinquei na floresta até ficar sujo e nadei na piscina da comunidade nos dias quentes de verão. Depois que saí de casa para cursar a faculdade, meus pais se estabeleceram no Paraguai, a fim de fazer trabalhos missionários.

Após esse período, foi em meus anos de graduação, depois que comecei a namorar Janice — que hoje é minha esposa —, que entendi como podemos enterrar profundamente o sofrimento em nosso inconsciente. Certa vez, conversamos sobre nossa infância, para nos conhecermos melhor. Fiquei perplexo quando ela me contou sobre seu primeiro dia de aula, sua professora do segundo ano e os colegas que teve quando era criança. Eu achava que era impossível recordar-se de eventos que aconteceram há tanto tempo, já que eu mesmo não tinha memórias tão antigas assim. Eu não conseguia me lembrar, sequer, dos nomes dos meus professores ou dos rostos de colegas que se sentaram ao meu lado durante todo um ano letivo.

Presumi que Janice tinha uma memória impecável, até que passei a conversar sobre isso com meus outros amigos e descobri que eles guardavam tantas recordações quanto ela. A questão até parecia intrigá-los. Seria eu o único sem lembranças? Por que havia tantos pontos escuros na minha infância? Em um momento de introspecção, percebi que eu tinha total clareza dos acontecimentos a partir de quando saímos da casa que ficava em Chantilly, na metade da minha quarta série. Comecei a me perguntar por que eu não conseguia me recordar de nada antes disso. Até que, de repente, tudo fez sentido. A verdade é que havia acontecido algo naquela casa que me deixou com uma cicatriz significativa.

INOCÊNCIA ROUBADA

Quando eu tinha oito anos de idade, minha mãe contratou Greg, um rapaz que estava no Ensino Médio

Capítulo 1

e que era filho do nosso vizinho, para ser meu instrutor de violoncelo. Ele tocava na orquestra de sua escola, e seus pais eram membros notáveis da nossa comunidade. Eles pareciam ser uma família confiável, por isso, passei muitas tardes sozinho com o Greg em sua casa. Ele tinha causado uma ótima impressão em mim. Eu o tinha em alta conta e via sua família como o epítome do "sonho americano". Porém, numa tarde, meu relacionamento com ele teve uma guinada estranha e sombria.

Primeiro, ele começou a me contar sobre sua vida sexual com a namorada, o que foi estranho para mim, que era uma criança. Então, pediu para que eu me despisse. Greg me abusou sexualmente e me estuprou, naquele dia e em vários outros. Ele me fez prometer não contar a ninguém a respeito do que aconteceu entre nós. Para piorar as coisas, as brincadeiras de que eu participava com outras crianças, naquela vizinhança, eram frequentemente de cunho sexual e, muitas vezes, acabávamos nus na cama uns com os outros. Agora, entendo bem que não fui a única criança vítima de abuso sexual.

Essas experiências me deixaram confuso e envergonhado. Além disso, mantive minha palavra a Greg e não expus a ninguém o que havia acontecido comigo. Não contei para as outras crianças da vizinhança e, definitivamente, não disse aos meus pais. Achei que estaria encrencado se o fizesse. Na época, o silêncio parecia ser a melhor maneira de lidar com a vergonha que eu sentia. Consequentemente, enterrei esse sentimento e as memórias do meu passado bem no fundo da minha mente, e nunca enfrentei isso de forma direta. Vivi o resto da minha infância e adolescência negando essas experiências horríveis, esperando, em segredo, que elas, eventualmente, fossem embora sem que realmente me afetassem.

O PODER DA DOR REDIMIDA

Revelar a dor do nosso passado pode ser um processo desconfortável, pois acabamos revivendo momentos que causaram mágoa, arrependimento, amargura e raiva. No entanto, se deixarmos as memórias dolorosas enterradas, elas ainda encontrarão, vez ou outra, o caminho para fora de seu esconderijo. Elas aparecem em nossas inclinações, medos e nos votos interiores que fazemos ao longo de nossos dias. Só que esse não é o tipo de vida que Deus planejou para nós. Portanto, precisamos nos livrar desse fardo.

A experiência com o abuso sexual abalou minha autoestima. No início da minha vida adulta, quase tudo o que fiz como marido, pai e líder de ministério foi para apagar a vergonha ardente que tinha contaminado minha autoimagem. Essa disfunção afetou a maior parte dos meus relacionamentos íntimos com família e amigos. Eu estava sempre tentando provar meu valor para os outros e ansiava, intensamente, por afirmações verbais que amenizassem meus pensamentos sobre minha própria inutilidade. Fiz sessões de terapia com psicólogos, mas eles apenas me ensinaram a controlar minha dor, em vez de realmente curá-la.

Capítulo 1

Esse processo de aprender a dominar a dor durou anos e, nesse período, fiz um voto interior: faria tudo o que estivesse ao meu alcance para evitar que meus filhos fossem maltratados. Quando fazemos votos como esse, muitas vezes, nós nos tornamos amedrontados e disfuncionais. No meu caso, eu ficava constantemente paranoico com a possibilidade de que algo acontecesse com as minhas crianças. Não era assim que eu queria viver, mas ainda estava encarcerado por meus medos, e sentia como se aquela fosse a única maneira de manter alguma forma de sanidade ou controle.

As coisas começaram a mudar para mim quando aprendi sobre o tráfico humano. Fiquei furioso e indignado com o fato de que, todas as noites, milhões de crianças em todo o mundo são estupradas. Perguntei a Deus como Ele poderia deixar isso acontecer. Ele não Se preocupava com os jovens e inocentes? Enquanto eu clamava por justiça, o Senhor me propôs algo inesperado e conflitante. Em voz alta e clara, Ele disse: "Benny, você não passou por isso apenas para proteger seus filhos, e, sim, para que essa dor se torne uma plataforma que mostrará o Meu poder ao mundo".[2]

---

[2] N. T.: Vale lembrar que os males que vivemos na Terra não ocorrem porque são da vontade de Deus. Porém, uma vez que vivemos em um mundo caído, inevitavelmente, sofreremos adversidades. Nesse sentido, o autor explica como, após se aprofundar em seu relacionamento com o Senhor, encontrou redenção de sua história.

Fiquei surpreso com essa afirmação paradoxal, mas, ao mesmo tempo, aquilo fez sentido. Minhas experiências dolorosas não deveriam "servir" apenas para mim mesmo. Sim, elas eram minhas, mas eu tinha de fazer algo mais, além de somente jurar proteger meus filhos. Sabia também que a minha vivência não bastava para alimentar a paixão por ajudar pessoas feridas. Afinal, a empatia por si só não tornaria minha dor uma plataforma para o poder de Deus ser manifestado.

Além disso, era necessário mais do que transparência com os outros sobre o que passei quando criança, pois ser um livro aberto para as pessoas também não seria o suficiente. Precisava dar mais alguns passos: entregar minha dor ao Senhor, permitindo que Ele me curasse e resgatasse de volta tudo o que me havia sido roubado; e declarar bênçãos sobre mim e meu agressor. Sei que isso tudo é muito para entender de uma vez. Meu processo levou anos, mas foi necessário para que Deus pudesse transformar meu sofrimento em uma plataforma. O primeiro passo foi dizer: "Sim, Senhor, o que quiser fazer de mim, vá em frente, pode fazer. Minha vida é Sua". Foi quando a minha jornada de combate ao tráfico humano iniciou.

A remissão da dor começou com completa rendição e obediência. Gostaria que primeiro viessem a clareza e a compreensão, mas não é assim que tenho visto Deus trabalhar ao longo dos anos. Ele espera que você diga "sim", antes de revelar os detalhes. Por isso, se estiver pronto, pare por um momento agora e simplesmente diga: "Sim, Senhor".

Capítulo 1

PASSOS PARA O PERDÃO

Existem alguns passos que temos de seguir para curar a nossa dor. No meu caso, eu necessitava perdoar o meu agressor. Você também precisará cumprir essa etapa e liberar perdão sobre a vida daqueles que o machucaram. Acredito que dizer "eu o perdoo" é apenas o começo do processo, não o fim. Depois disso, precisamos entregar nossos sofrimentos a Deus; afinal, Ele quer nos resgatar.

Poucas pessoas falam sobre o perdão como um passo em direção à cura, e talvez esse seja um conceito novo em sua vida. Pode ser que você esteja apegando-se à dor e se perguntando por que ainda sente tanta amargura e ressentimento. Isso acontece quando pulamos etapas importantes do nosso processo de restauração com Deus. Eu o encorajo a entregar suas aflições a Jesus agora. Lembre-se de que Ele Se preocupa profundamente com você, entende seu sofrimento e o abraça.

Depois da entrega, é necessário resgatar de volta tudo o que lhe roubaram. No meu caso, tive de recuperar a inocência infantil e a pureza sexual. A verdade é que eu já as possuía, mas ser abusado roubou de mim algo que, originalmente, era meu.

Ele espera que você diga "sim", antes de revelar os detalhes. Por isso, se estiver pronto, pare por um momento agora e simplesmente diga: "Sim, Senhor".

Eu realmente o incentivo a ir além do perdão e da entrega. Resgate tudo aquilo que, como resultado de suas experiências dolorosas, lhe foi roubado. Você pode ter passado a vida inteira com uma autoimagem distorcida, mas agora é hora de reivindicar o que Deus colocou em seu interior quando Ele o formou. Tome posse de todas as coisas que lhe foram tomadas. Escreva cada item num papel e proclame, em espírito de oração, que você é o legítimo proprietário delas. Cancele todas as mentiras que o Inimigo usou contra a sua vida no tempo em que lhe faltavam essas características e qualidades (como pureza e inocência). Contrastando com todas as mentiras em que acreditou, proclame a verdade sobre si mesmo. Eu fiz isso dizendo: "Sou inocente e puro". Essas palavras de bênção anularam as maldições que experimentei por causa da dor.

Depois de abençoar a si mesmo, é importante que você também abençoe aqueles que o amaldiçoaram. Sei que esse conceito pode parecer estranho, mas é um passo crucial para fechar o ciclo completo do perdão. Eu, pessoalmente, declarei sobre meu agressor uma vida frutífera, um casamento e uma família sólidos, e um estilo de vida sexual saudável. Fazer isso foi libertador, porque deixei de ver Greg como um abusador. Em vez disso, comecei a percebê-lo como um indivíduo ferido, que precisava da graça e da misericórdia de Deus. Também deixei de ser uma vítima perpétua, e cheguei a uma posição em que eu poderia abençoar livremente alguém que me causou profunda dor.

Perdoar meu agressor, resgatar o que ele roubou de mim e declarar bênçãos sobre nós foram passos que

Capítulo 1

permitiram que eu encontrasse a redenção do meu sofrimento. Aquela já não era mais uma experiência que me fazia reagir com tristeza; tornou-se uma força. Agora, posso compartilhar tudo sem amargura e usar isso para ajudar os outros. Posso agir com verdadeira compaixão, livre do peso da dor do passado. Minha história hoje é quase um superpoder, que me permite conectar-me abertamente com pessoas e buscar a justiça de forma plena.

Eu o abençoo agora, para que você possa dar os passos descritos neste capítulo e viver a liberdade que há no perdão total e completo. Fazendo isso, libero sobre você a redenção da sua dor, ao ponto de ela se tornar sua maior força. Que essa jornada o leve a se relacionar com outras pessoas e abençoá-las com sua trajetória, para que elas também encontrem liberdade em suas vidas.

CAPÍTULO 02

SUAS cicatrizes SÃO O SEU testemunho

Capítulo 2

UMA VIAGEM QUE DEU ERRADO

Quando passamos por um trauma, é comum ficarmos com as cicatrizes das nossas feridas. Algumas são físicas, mas muitas são emocionais. Geralmente, elas não são consideradas "bonitas", por isso, temos a tendência de tentar escondê-las. E, por serem a lembrança de um passado doloroso, buscamos formas de encobri-las. No entanto, todas as cicatrizes têm histórias para contar. As que tenho no antebraço esquerdo, por exemplo, revelam uma cura milagrosa que vivi.

Era o primeiro ano do nosso ministério de atuação contra o tráfico humano, e estávamos de volta à Califórnia, levantando apoio e fundos para a casa de refúgio que abrimos para menores de idade explorados sexualmente. Fiquei especialmente empolgado com essa viagem, porque teria a rara oportunidade de compartilhar sobre esse trabalho em nossa igreja local. Eu esperava envolver nossa comunidade nos EUA nos esforços por justiça social na Cidade do México. Voltando àquela ocasião, na verdade, recordo-me de estar orgulhosamente refletindo: "Este é o meu momento de obter reconhecimento". Mas nada saiu conforme o planejado.

Quatro dias antes da data prevista para eu compartilhar sobre o trabalho em nossa igreja, decidimos visitar alguns familiares em Inland Empire, cerca de uma hora e meia a leste de Los Angeles. Porém, durante a organização para sair em viagem, percebemos que minha esposa, nossos dois filhos e eu não cabíamos no carro.

Então, peguei minha motocicleta e segui atrás deles. O sol e o ar quente me atingiam ao longo de toda a estrada, naquele dia quente de verão. Quase chegando ao nosso destino, percebi que meu pneu traseiro estava vazio, por isso, levei a moto a uma loja local para trocá-lo. Lembro-me claramente do técnico me dizendo: "Vá com calma, porque o pneu vai ficar escorregadio até amolecer". Pensei comigo mesmo: "Eu já piloto há muito tempo, sei o que estou fazendo".

À medida que a noite se aproximava, decidimos voltar para a casa da minha sogra. Minha esposa me disse: "Está ficando escuro, certifique-se de ficar perto de nós. Quero conseguir ver você durante todo o caminho para casa". Novamente, pensei: "Eu já piloto há tempo suficiente para saber o que estou fazendo".

Cerca de cinco minutos depois de entrar na rodovia, percebi, de repente, que eu tinha esquecido o carregador do meu celular na casa em que estávamos. Então, peguei a primeira saída para voltar lá e buscá-lo. Não tinha como avisar minha família, por isso, eu simplesmente agi por conta própria e decidi que era melhor buscar o meu carregador do que fazer o que minha esposa havia pedido. Nota para todos os maridos que estão lendo isto: **sempre** ouça sua esposa.

Assim que retornei à estrada, senti-me muito bem comigo mesmo e iniciei a longa viagem de volta para casa. Depois de cerca de trinta minutos, comecei a ficar sonolento. Percebendo que o calor do dia tinha me deixado cansado, eu sabia que teria de lutar para ficar

Capítulo 2

alerta. Logo que esse pensamento passou pela minha cabeça, vi o trevo da rodovia que precisava seguir e, notando que estava prestes a ultrapassá-lo, virei a moto com força para a direita, para pegar a rampa de acesso. Ao fazer isso, atravessei parte da faixa zebrada, que tinha cascalhos espalhados por todo o pavimento. Foi quando tudo deu muito errado.

Por conta da combinação do meu cansaço com a velocidade, o cascalho no asfalto e um pneu traseiro liso e novinho em folha, comecei a guinar e virar de forma incontrolável. Imediatamente, pensei: "É isso. Vou morrer". Escolhi ceder a esse pensamento e disse comigo: "Lá vou eu, Jesus!". (Minha esposa já repetiu inúmeras vezes que eu deveria ter orado: "Jesus, salve-me! Tenho uma mulher e dois filhos esperando por mim!").

Perdi o controle da moto, e ela caiu para a direita. Minha cabeça se espatifou no asfalto e fiquei inconsciente. Eu estava usando um capacete, mas não era um modelo certificado pelo Departamento de Transportes que, supostamente, fornece uma boa proteção contra acidentes. O meu era aberto e eu o usava porque achava descolado. Hoje, digo a todos os motociclistas que não repitam minha vaidosa estupidez e utilizem um bom capacete certificado pelo Departamento de Transportes.

Ao recuperar a consciência, vi, mesmo com os olhos semicerrados, o brilho das luzes e ouvi as conversas ao meu redor. Lembro-me de pensar: "Será que isso é... o Paraíso?". Para meu desalento, no momento em que abri meus olhos inchados, vi um paramédico pairando sobre mim e percebi que eu estava em uma ambulância, sendo retirado do local do acidente. Meu próximo pensamento foi: "Oh, não, eu não estou morto! Agora, estou realmente encrencado com a minha esposa".

Quando o paramédico notou que eu estava acordado, começou a me fazer perguntas. Permaneci consciente por tempo suficiente para dizer a ele que eu sabia que havia sofrido um acidente e dar um número de telefone, para que entrassem em contato com a minha família. A última coisa de que me lembro, do momento em que eu estava na ambulância, é de ficar em choque porque estavam cortando minha calça *jeans* favorita.

Recuperei os sentidos quando me tiraram da maca e me colocaram em uma mesa de metal, para examinar meu corpo. A temperatura fria me acordou daquele sono induzido por drogas. Enquanto eu estava deitado, quase imóvel, passando por um *scanner*, pensei: "Cara... isso NÃO é bom". Então, apaguei novamente.

Depois disso, lembro-me de ter ouvido a voz da minha esposa, que entrou na sala de emergência com o médico. Abri meus olhos por tempo suficiente para vê-la desmaiar ao ver meu estado. Eu sabia que, provavelmente, estava **muito** mal. O inchaço na minha cabeça era tão intenso que parecia que eu cultivava um melão ao lado dela.

Algumas horas depois, recobrei totalmente a consciência, e o médico do pronto-socorro veio falar comigo. Ele me fez uma série de perguntas, para verificar se eu estava falando coisa com coisa e, para minha

Capítulo 2

aprovação, respondi tudo corretamente. Mas logo veio a má notícia. Fui informado de que eu tinha várias fraturas no rosto e no crânio. E, além de uma erupção cutânea no lado direito da face e uma hemorragia no cérebro, meu antebraço esquerdo estava quebrado. O médico me disse que eu tinha "sorte" de estar vivo, que precisaria de uma cirurgia e de seis a oito semanas no hospital para me recuperar. Fiquei devastado.

Disse a ele: "Doutor, eu não posso ficar preso aqui por seis ou oito semanas. Tenho de estar na igreja neste domingo!". Fui impactado com uma grande tristeza ao perceber que não conseguiria compartilhar o que planejei em minha comunidade, e que não tínhamos nenhum seguro de saúde. Não sabia como iríamos pagar por todos os gastos médicos envolvidos nos procedimentos que eu faria. Com os olhos cheios de lágrimas, olhei para Janice e só consegui dizer: "Sinto muito, querida. Eu fiz besteira".

SERÁ QUE ALGO BOM PODE VIR DESSA BAGUNÇA?

Na manhã seguinte, minha esposa já havia entrado em contato com o máximo de amigos que pôde, pedindo para que intercedessem por nós. Nossa família da igreja espalhou a notícia nas redes sociais e as pessoas começaram a nos ligar, para perguntar se podiam nos visitar. No início da tarde, recebemos a prima de Janice e seu marido, Ann e John Hansen, a família que visitamos no dia anterior. John é o pastor principal da Centerpoint Church, em Murrieta, Califórnia. Ele é um líder incrível, além de um homem piedoso e cheio de fé.

John levou óleo para ungir minha testa e todos na sala começaram a orar por mim. De repente, algo extraordinário aconteceu: senti os ossos do meu rosto e da minha cabeça se mexerem. No início, pensei que fosse um efeito da morfina que tomei, mas logo percebi que era muito mais do que isso. Deus estava me curando! Assim que terminaram a oração, não houve uma diferença perceptível em minha aparência. Porém, no final da tarde, sozinho em meu quarto de hospital, decidi me levantar e lavar o rosto. Ao me olhar no espelho, vi que minha face e minha cabeça estavam quase de volta ao tamanho normal.

Enquanto eu jogava água sobre as crostas em meu rosto, elas caíam, revelando uma pele nova e limpa por baixo. Os médicos fizeram exames e ficaram completamente perplexos ao me informar que não haviam encontrado nenhuma fratura ou hemorragia. A única lesão que eu ainda tinha era no antebraço esquerdo, que estava quebrado.

Eles decidiram me manter internado durante aquela noite para observação, mas recebi alta na manhã seguinte, pois eu poderia fazer a cirurgia no antebraço em um ambulatório. Por volta da uma e meia da tarde, numa sexta-feira, saí do hospital, andando com meus próprios pés. Nem aceitei a cadeira de rodas que me ofereceram, até porque eu não queria ser cobrado por ela.

Capítulo 2

Fiquei em êxtase por ter sido curado, mas, rapidamente, a preocupação com as contas da internação se instalou em minha mente. Todas as taxas e o custo da cirurgia no meu antebraço esquerdo totalizaram cerca de trinta mil dólares. Embora estivesse vivendo um milagre, também tinha de lidar com um encargo financeiro que parecia insuperável. Nossa família abriu mão do seguro médico para cortar custos e abraçar o ministério de tempo integral, então não tínhamos como pagar essas contas caras. (Na verdade, ainda hoje deixamos as despesas médicas completamente nas mãos do Pai).

Imediatamente, fiquei cheio de profundo pesar e desespero. Não é interessante que, às vezes, quando superamos um desafio, temos outro esperando por nós bem na esquina? O lado bom dessa bagunça é que eu pude ir à igreja logo em seguida.

Cheguei lá, naquele domingo, com uma tipoia em meu braço esquerdo. As pessoas que tão gentilmente haviam me visitado no hospital, nos dias anteriores, ficaram absolutamente surpresas com a minha rápida recuperação. Elas não podiam acreditar no que viam. Fora isso, eu estava um pouco ansioso durante o culto, pois sabia que o momento de compartilhar sobre nosso trabalho de enfrentamento ao tráfico humano se aproximava, e precisávamos de doações para passar por mais uma temporada no ministério.

Nosso pastor, Dave Gibbons, convidou-me a subir ao palco após os anúncios da igreja e ficou ao meu lado o tempo todo, enquanto eu compartilhava sobre a nossa organização sem fins lucrativos, El Pozo de Vida[1]. Sua presença no palco comigo, naquele dia, foi como a de um exército inteiro. Uma sensação sobrenatural de confiança tomou conta de mim durante a minha fala, e eu tive a convicção de que estava exatamente onde Deus queria que eu estivesse, fazendo o que Ele queria que eu fizesse.

Depois que as cestas de ofertas foram distribuídas, Dave se voltou a mim e perguntou: "Benny, você poderia, por favor, compartilhar conosco por que o seu braço está em uma tipoia? O que aconteceu com você na última semana?". Comecei, então, a falar sobre o meu acidente e como Deus me curou milagrosamente. O salão foi tomado por um silêncio intenso.

Naquele momento, nosso pastor se direcionou às pessoas, com um sorriso no rosto, e disse: "Sabe, Benny e sua família se sacrificaram muito para estar no México. No momento, eles não têm seguro médico para pagar as contas do hospital. Eles fazem parte da família da nossa igreja, então, vocês poderiam, por favor, considerar doar novamente, para ajudá-los a cobrir suas despesas médicas?".

Senti meus joelhos fraquejarem e as lágrimas encherem meus olhos diante desse inesperado ato de bondade para conosco. Imediatamente, eu me virei para

---

[1] N. E.: El Pozo de Vida é uma ONG, fundada por Benny Yu, que luta contra o tráfico de pessoas no México e na América Central. Leia mais em *https://www.elpozodevida.org.mx/*. Acesso em outubro de 2021.

Capítulo 2

o Dave, dei um abraço de um braço nele e o agradeci, com a maior gratidão que pude expressar. Depois de deixar o palco, meu corpo voltou ao meu assento, mas minha cabeça estava voando alto. Foi a sensação mais estranha que já tive.

Naquela mesma tarde, recebi um telefonema do pastor executivo da igreja. Ele me disse: "Benny, estou ligando para informá-lo que contamos as ofertas para as suas despesas médicas e coletamos trinta mil dólares, para ajudá-lo a atender a essa necessidade". Que coisa louca! Absolutamente maluca! Tudo o que eu conseguia fazer era agradecer a Deus, continuamente, por Sua fidelidade em nossas vidas. Mais tarde, alguns de nossos irmãos nos disseram que, naquele dia, o Espírito Santo havia dito a eles que levassem muito dinheiro em espécie à igreja. Quando ouviram sobre nossa situação financeira, souberam que era por isso que precisavam daquela quantia.

SUAS CICATRIZES PODEM SE TORNAR UM TESTEMUNHO

Como você sabe, eu quebrei meu antebraço esquerdo no acidente, mas ele não foi milagrosamente curado com a oração que recebi. Às vezes, brinco que pode ter sido porque o pastor John colocou as mãos apenas sobre minha cabeça. Brincadeiras à parte, fiz uma cirurgia, e as placas que foram parafusadas em meus ossos me deixaram com duas cicatrizes enormes.

MILAGRE em MEIO à DOR

Acredito que precisei de algumas marcas como provas do que Deus fez em mim. Ainda hoje me perguntam, constantemente, sobre a história por trás das minhas cicatrizes e, então, tenho a chance de erguer o braço, com orgulho, e contar às pessoas sobre como o Senhor fez um milagre em minha vida. Foi, no mínimo, doloroso, mas me deixou com um testemunho incrível para compartilhar.

Que cicatrizes você tem? Costuma encobri-las? Mesmo que não tenha experimentado uma cura ou um milagre em meio à sua aflição, Deus ainda pode transformar suas marcas em algo lindo. Assim como fez comigo em relação ao abuso que sofri, Ele pode redimir radicalmente suas memórias sombrias e transformar sua dor em uma grande força. Por isso, eu o encorajo a renunciar ao seu sofrimento.

Feche os olhos, com as mãos estendidas e as palmas abertas. Em espírito de oração, visualize a si mesmo entregando ao Senhor todo o peso e toda a dor de suas experiências mais difíceis. Permaneça nisso até ter a certeza de que se esvaziou de todo fardo. Agora que suas mãos estão vazias, peça a Deus que as encha com o que Ele deseja para você. Lembre-se de que o Senhor é bom, misericordioso e compassivo conosco (cf. Joel 2.13). Suas intenções para nós são sempre benéficas.

Algo que pode nos ajudar nesse processo é lembrar da história de José, escrita no livro de Gênesis. Ele foi traído por seus irmãos, vendido como escravo, acusado falsamente e colocado na prisão por conta do que a

Capítulo 2

esposa de Potifar disse a seu respeito. Em meio a esses eventos radicais, José interpretou os sonhos do faraó e foi colocado sobre o comando de todo o império egípcio. Apenas o próprio faraó estava acima dele (cf. Gênesis 37-41).

Contudo, depois de muitos anos, José teve de enfrentar seus irmãos novamente. Quando estes imploraram por misericórdia, ele disse:

> [...] — *Não tenham medo; será que eu estou no lugar de Deus? Vocês, na verdade, planejaram o mal contra mim; porém Deus o tornou em bem, para fazer, como estão vendo agora, que se conserve a vida de muita gente.* (Gênesis 50.19-20)

Essa história deve lhe dar a confiança de que, por mais que você tenha enfrentado muitas provações, Deus pode usá-las para abençoar a vida de inúmeras pessoas, se você renunciar à sua dor e permitir que Ele preencha o seu destino com Suas intenções amorosas. Enquanto recebe isso do Senhor agora, abra seus ouvidos para escutar o que Ele tem a lhe dizer.

As pessoas sempre me perguntam como podemos saber que Deus está falando conosco. Para mim, a Sua voz é mais alta do que um sussurro, e mais baixa do que o volume normal de fala. Eu a ouço em meu coração, não em minha cabeça. Independentemente de como você ouvirá ao Senhor, Ele definitivamente lhe falará palavras de bênção e encorajamento. É importante que você as receba de coração aberto. Sugiro que diga em voz alta: "Eu recebo essas verdades". Fazendo isso, você declara verbalmente a afirmação e aceitação dos pensamentos do Pai a seu respeito. Esse passo é importante para que essa realidade comece a criar raízes em sua vida, cresça e, por fim, dê frutos.

Viver as bênçãos e promessas que Deus lhe falou depende de você. Ao contrário da crença popular, isso nem sempre acontece de forma automática ou mágica. Você tem de fazer a sua parte, dando passos tangíveis para que essas palavras sejam reais em sua vida. Esse é o seu ato de confiança e obediência.

Meu processo pessoal envolveu tomar medidas para combater o tráfico de pessoas. Assim, minha esposa e eu começamos duas organizações sem fins lucrativos bem-sucedidas. Isso tudo foi árduo, mas valeu a pena. Hoje, sinto que estou vivendo o sonho do Pai para mim, mas também curtindo minha vida de forma completa. Às vezes, esse trabalho é sombrio, mas é sempre divertido ver o Reino de Deus invadir e dissipar o mal que existe neste mundo.

Recomendo que anote os próximos passos que deseja dar. Você pode até imaginar em que ponto estará sua vida em uma ou duas décadas. Fiz esse exercício há algum tempo e considero que conquistamos, em dez anos, o que pensei que só poderíamos realizar em vinte. Não estou me gabando. Isso aconteceu somente pela graça

> [...] acredito que os testemunhos nos dão poder para andar segundo o destino do Pai para nós.

Capítulo 2

de Deus. Além do mais, acredito que os testemunhos nos dão poder para andar segundo o destino do Pai para nós. Portanto, seja encorajado e dê passos tangíveis hoje. Sei que o Senhor tem uma aventura à sua espera.

CAPÍTULO 03

Busque AQUELE que CURA, não A CURA

Capítulo 3

TENTANDO ENTENDER O ESCOPO DO PROBLEMA

A organização sem fins lucrativos que temos na Cidade do México cuida de mais de dez projetos atualmente. Todos eles contemplam três áreas-chave no combate ao tráfico de pessoas — prevenção, intervenção e restauração —, criando uma abordagem integral que é necessária para obtermos um impacto significativo nessa complexa questão. Costumamos usar a seguinte alegoria para explicar como isso funciona:

> Imagine-se caminhando sozinho ao lado de um rio que corre em meio a uma floresta. Ao seguir andando por ali, você começa a ouvir o choro de um bebê e nota que ele está flutuando em uma cesta rio abaixo. O que você faz? Tenho esperança de que decidiria pular nas águas e salvá-lo. Agora, depois de saltar, livrar o bebê dos perigos desconhecidos e colocá-lo em um lugar seco, você ouve outro bebê numa situação exatamente igual. Então, mergulha novamente para resgatá-lo, mas, logo depois, percebe mais um outro. Você nota que há um fluxo aparentemente interminável de crianças indefesas flutuando pelas águas correntes. Que perguntas surgem em sua mente? O mais provável é que se questione: "De onde os bebês estão vindo e para onde eles vão? Quem poderá

me ajudar a salvá-los? O que farei com todos aqueles que tirei do rio?".

Prevenção

A tarefa de caminhar até o início do rio para tentar impedir que o problema comece — o que inclui entender o motivo de os bebês estarem sendo abandonados ali — é o trabalho de prevenção. Trata-se de precaver o problema, evitando que pessoas inocentes sofram alguma dor ou se coloquem em situações perigosas. Fazer isso também torna a tarefa daqueles que atuam adiante muito mais fácil.

A prevenção ao tráfico humano pode ser feita por meio de campanhas de conscientização projetadas, especificamente, para um público-alvo, que talvez esteja em risco de ser traficado. Nossa organização se concentra em jovens do Ensino Fundamental e Médio, pois as estatísticas mostram que, ao redor do mundo, a idade média das pessoas que se tornam vítimas de um esquema de tráfico humano está entre treze e quinze anos.[1] É essencial educar os adolescentes, para que compreendam as táticas que um traficante pode usar com a intenção de atraí-los a uma situação suspeita. Assim, os jovens se tornam capazes de saber quando eles ou um amigo correm o risco de cair nas mãos

---

[1] N. E.: **La Trata de Personas em México.** Publicado por *Consejo Ciudadano para la Seguridad y Justicia*. Disponível em *https://www.consejociudadanomx.org/media/attachments/2021/07/27/reporte_final5-ok.pdf*. Acesso em novembro de 2021.

Capítulo 3

de criminosos. Também é importante levar a mesma mensagem aos pais e professores para que, se virem sinais de que uma criança está em perigo e pode se tornar vítima de tráfico, tenham ferramentas para intervir em tempo hábil.

Esse trabalho também inclui administrar a demanda por tráfico humano. Reduzir o número de fatores que contribuem para que as pessoas se tornem vítimas desse tipo de crime não é o suficiente. Devem ser feitos esforços para conter a procura por exploração sexual e eliminá-la por completo. Olhar para a prevenção pelas lentes da oferta e demanda pode parecer desumano, mas uma perspectiva de nível macro nos ajuda a desenvolver iniciativas estratégicas.

Nossa organização, por exemplo, lançou recentemente um vídeo instigante e reflexivo, um desafio lançado nas mídias sociais e nos grupos de discussão *on-line* sobre masculinidade e machismo.[2] Fizemos isso para abordar uma das raízes do tráfico de pessoas, profundamente soterrada nos comportamentos da sociedade. Entendemos que a origem da exploração sexual é a violência contra mulheres; a causa desta, por sua vez, é a desigualdade de gênero, que tem como base normas culturais como o machismo. Nossa campanha atingiu mais de vinte milhões de pessoas.

---

[2] N. E.: **Nadie nace macho.** Publicado pela *ONG El Pozo de Vida* em julho de 2020. Disponível em *https://www.instagram.com/tv/CCbtlv1jU3S/*. Acesso em outubro de 2021.

Intervenção

Pular no rio para resgatar os bebês que estão flutuando seria o trabalho de intervenção. Trata-se de chegar às vítimas quando elas estão em risco e vulneráveis, a fim de conduzi-las a um lugar seguro. Muitas pessoas presumem que a ação no tráfico humano é como uma cena de filme, em que alguém chuta as portas de um bordel, agarra a donzela em perigo das mãos de um criminoso e foge em segurança.

Na verdade, um resgate real consiste em muito mais do que isso. Primeiro, nossas equipes encontram as vítimas onde elas estão. É por isso que a maioria dos programas de intervenção da nossa organização está no centro da zona de prostituição. Quando fazemos isso, é importante que deixemos de lado quaisquer pressuposições que tenhamos, porque não queremos que o preconceito nos engane ao nos envolvermos nesse projeto. Também tentamos não falar que empoderamos nossos beneficiários, pois isso implica que temos poder para doar. Em vez disso, dizemos que caminhamos ao lado deles em seu próprio processo de empoderamento.

Intervir é mais do que remover fisicamente as pessoas de uma localização geográfica. Esse trabalho deve lidar com as cadeias emocionais e espirituais que as detêm. É possível que certas mentalidades e crenças tenham levado os indivíduos a tomarem decisões ruins ou autodestrutivas, mantendo-os acorrentados. Por isso, a intervenção envolve ajudar as vítimas a acreditarem em si mesmas, até que tenham convicção de que podem se livrar dos laços do tráfico humano.

Capítulo 3

Restauração

Por fim, cuidar dos bebês depois de retirados do rio é o alvo do trabalho de restauração, uma peça fundamental para o nosso modelo completo de combate ao tráfico de pessoas. Trata-se de um processo longo e árduo de ajudar os sobreviventes em sua jornada de cura física e emocional, bem como em sua reintegração na sociedade. É uma maratona, não uma corrida. Temos mais experiência nesse estágio porque a casa de refúgio foi o primeiro programa que criamos.

À medida que crescíamos, passamos a perceber a necessidade de disponibilizar serviços adicionais, além daqueles que já fornecíamos por meio do nosso abrigo, que oferece terapia psicológica e educação. Nossos beneficiários precisavam de treinamento vocacional, assistência para inserção no mercado de trabalho e, até mesmo, contratação em nossa organização. Também abrimos dois lares de transição, para mulheres que cresceram fora da nossa casa de refúgio. A abordagem feita ali ocorre em etapas, envolvendo um caminho gradual e individualizado em direção à independência.

Esse tratamento integral nos permite avançar ao lado daqueles que auxiliamos, ao passo que deixam de ser vítimas (ou evitam se tornarem uma), para se reintegrarem na sociedade de forma bem-sucedida. Como o tráfico humano é sistêmico, ele requer estratégias sistematizadas para lidar com seus aspectos.

Temos de encontrar uma forma de chegar a todos, estejam eles em risco de cair no rio, flutuando nas águas, resgatados ou, até mesmo, sejam aqueles que contribuem para lançar pessoas lá dentro. Em outras palavras, precisamos trabalhar na prevenção, intervenção e restauração. Devemos ir além do assistencialismo, da filantropia e da caridade; além de assistir, dar e doar; além de focar no encaminhamento das necessidades imediatas. Para realmente acabarmos com essa injustiça global, é necessário que ajudemos a mudar a cultura.

NÃO É CULPA DELA

Nos primeiros anos do nosso projeto da casa de refúgio, recebemos uma adolescente do sul do México. Para proteger sua identidade, vamos chamá-la por um nome fictício: Sandra. Abordada por uma amiga de sua família, que lhe prometeu um trabalho na Cidade do México, a menina pensou consigo mesma: "Posso ganhar um bom dinheiro trabalhando na cidade grande e ajudar a sustentar financeiramente minha casa". Depois de conversar sobre o assunto com seus pais, ela saiu de seu lar rumo ao que parecia ser uma incrível oportunidade e aventura. Porém, quando chegou ao destino, sua vida sofreu uma reviravolta.

A amiga da família de Sandra usou uma tática padrão de traficantes de pessoas para atrair vítimas em potencial: atacar os fracos e indefesos. Eles sabem quando certas regiões e populações têm dificuldades financeiras, então, abordam indivíduos vulneráveis e pintam-lhes um belo quadro de prosperidade e estabilidade. Mais importante do que isso é saber que eles procuram fragilidade emocional: meninas jovens de famílias despedaçadas, com figuras parentais ausentes, que anseiam por atenção e autovalorização.

Esse tipo de vulnerabilidade pode descrever, com a mesma facilidade, tanto uma garota rica da cidade como a de uma região marginalizada. Os traficantes não limitam suas fontes a lugares pequenos e rurais, dado que os fatores de incentivo e atração para as vítimas de tráfico humano não são meramente socioeconômicos. Os criminosos são atraídos por aqueles que são emocionalmente enfraquecidos, porque isso lhes permite criar um vínculo muito mais forte com seus alvos do que com pessoas apenas economicamente vulneráveis.

DESCONSTRUINDO O JOGO DA CULPA

Criar um cativeiro emocional aumenta as chances de escravizar uma pessoa. É por isso que acredito fortemente que o desenvolvimento de famílias saudáveis pode acabar com o tráfico humano. Se nossas filhas crescerem sabendo do seu valor próprio e da sua identidade em Cristo, cercadas por princípios familiares sólidos, elas não precisarão buscar a atenção de pessoas que, potencialmente, podem atacar suas fraquezas. Você já se perguntou por que as meninas tiram tantas *selfies*? Será que elas estão clamando por atenção e aprovação dos homens? Por que elas sentem a necessidade de exibir seus corpos de maneiras sexualmente atraentes?

Famílias saudáveis são igualmente importantes na criação de jovens que veem as mulheres como preciosas para Deus, e não como objetos sexuais a serem usados visualmente ou para seu prazer físico. Se os pais educarem seus filhos para que saibam respeitar e honrar as meninas, poderemos acabar com a demanda por tráfico sexual e pornografia na próxima geração.

Às vezes, simplificamos demais o problema e caímos no "jogo da culpa", condenando totalmente aqueles que percebemos como causadores do tráfico humano, no lugar de aceitarmos nossa própria responsabilidade de formar famílias saudáveis. Rapidamente apontamos o dedo para vítimas, traficantes e consumidores, quando, em vez disso, deveríamos nos examinar, para averiguar em que ponto podemos ter falhado em estabelecer a cultura do Reino. Vamos parar de simplesmente culpar as vítimas e suas famílias por estarem cegas pelas circunstâncias financeiras; de apressadamente injuriar os traficantes por serem criminosos malvados e perdidos na vida; de repetidamente julgar os consumidores de serviços sexuais por participarem, impensadamente, da injustiça sistêmica.

Concordo que devamos tratar as questões macro socioeconômicas e buscar, legalmente, por uma completa punição para aqueles que atacam os fracos. Entretanto, causalidade não é responsabilidade. Devemos separar claramente os dois. Se, por exemplo, pressupomos

Capítulo 3

que a pobreza é uma das principais causas do tráfico humano, não podemos afirmar que as famílias pobres são as únicas responsáveis por sua condição. Quando temos uma perspectiva abrangente dos sistemas que causam as injustiças sociais, percebemos que todos nós temos a responsabilidade de suster uma sociedade justa.

Somos responsáveis por estabelecer valores sólidos e autoestima em nossas famílias e comunidades. Por criar uma geração que valoriza a imagem de Deus em cada ser humano. Se cada um de nós assumirmos nossos deveres, poderemos moldar o curso das gerações futuras e trazer liberdade para todos os que são escravizados.

DE VOLTA À HISTÓRIA DE SANDRA

Sandra chegou à Cidade do México com a amiga de sua família, pensando que, em poucos dias, começaria um novo emprego para ajudar no sustento financeiro de seu lar. Ela desceu do ônibus cheia de esperança, mas, logo que saiu do terminal, foi vendida a dois homens. Eles a deixaram nua, estupraram-na e a acorrentaram ao chão, em uma pequena sala de concreto, que não tinha piso nem móveis.

Ela tentou lutar, mas foi espancada várias vezes por aqueles que tentavam subjugá-la. Foi entregue para ser usada até trinta vezes ao dia, sendo continuamente violentada. Seu espírito de luta, eventualmente, foi roubado. Depois de alguns meses vivendo esse pesadelo, os dois homens a colocaram na rua para trabalhar como prostituta. Sandra ficou com tanto medo e vergonha, por conta do que sofreu, que não fugiu, mas fez exatamente o que lhe fora dito. A escravidão moderna é assim. Muitos de nós vemos jovens nas esquinas e pensamos que eles trabalham por vontade própria ou por razões financeiras, quando, na verdade, não sabemos pelo que passaram para estarem naquela posição. Não temos conhecimento sobre o que pode ter morrido dentro deles, mantendo-os cativos. Talvez não estejam presos fisicamente, mas as cadeias emocionais que carregam são muito mais pesadas do que quaisquer correntes físicas jamais seriam.

Felizmente, Sandra foi vista por alguém que notou que ela parecia muito jovem para estar na prostituição e, por isso, relatou o caso às autoridades. Uma operação policial foi feita para resgatá-la. Eles nos contataram, e, então, levamos a adolescente para nossa casa de refúgio, onde ela começou, lentamente, a passar por seu processo de restauração. Logo depois de chegar, Sandra reclamou que tinha dificuldades auditivas. Nós a encaminhamos a um especialista que confirmou que ela havia perdido 100% da capacidade de escuta em um ouvido e 50% no outro, como resultado do abuso físico que sofrera. Conseguimos um aparelho para que Sandra usasse no lado em que ainda tinha 50% da audição e, assim, pudesse ter uma qualidade de vida melhor e continuar seus estudos.

Somos responsáveis por estabelecer valores sólidos e autoestima em nossas famílias e comunidades.

Capítulo 3

BUSQUE AQUELE QUE CURA, NÃO A CURA

Em uma tarde de sexta-feira, alguns meses depois de ter entrado na casa de refúgio, Sandra perguntou como era ouvir a voz de Deus. Depois que lhe explicamos, ela nos pediu que orássemos para que pudesse ouvi-lO. Aparentemente, nada milagroso havia acontecido naquele momento, mas seu coração estava realmente sedento pelo Senhor.

Na manhã seguinte, as outras meninas da casa acordaram cedo, fazendo bastante barulho no pátio principal. Como sábado é o dia em que podem dormir até tarde, Sandra saiu brava de seu quarto, pedindo-lhes que parassem com a bagunça, pois estava tentando descansar. De repente, percebeu que não usava o aparelho auditivo naquele momento, pois tinha o retirado na noite anterior. Ela exclamou para nossa equipe: "Não estou com meu aparelho e posso ouvir!". Não muito convencidos do que tinha acontecido, dissemos-lhe que a levaríamos para ver um especialista no dia seguinte.

Os médicos fizeram uma série de testes. Perplexos com os resultados, pensaram que a máquina poderia estar com defeito. Então, pegaram outros equipamentos e executaram novos testes por mais de duas horas. Naquele dia, Sandra recebeu o diagnóstico de audição 100% restaurada em ambos os ouvidos. Foi um milagre!

Bem naquela época, um médico amigo meu estava me visitando e não conseguia acreditar no que eu lhe disse.

Ele quis examinar a audição de Sandra pessoalmente. Então, pegou seu otoscópio e olhou dentro dos ouvidos dela. Sem conseguir acreditar, falou: "Benny, não sei o que dizer. Ainda posso ver o dano causado pelo trauma em sua orelha. Não há como explicar, clinicamente, como ela consegue ouvir". Isso provou que a audição de Sandra não foi restaurada por um milagre fisicamente regenerador, como pensei que havia acontecido. Desde aquele dia, ela ouve sobrenaturalmente!

Lembre-se de que Sandra nunca pediu por esse milagre; só queria ouvir a voz de Deus. Ela não buscou a cura, e sim Aquele que cura. Essa foi uma lição importante para mim, por isso acredito que todos devamos aprendê-la. Sempre busque a intimidade com Deus em primeiro lugar, porque todas as coisas fluem desse relacionamento. Gastamos muito tempo buscando provisão, cura e resgate, quando, na verdade, deveríamos nos concentrar em buscar o Provedor, Aquele que cura e o Resgatador. Nosso foco precisa mudar. Em vez de nos concentrarmos em receber algo como resultado de nossa busca, é necessário que encontremos satisfação e realização completa em nosso relacionamento com Deus.

FOCO NA INTIMIDADE COM DEUS

Como seria nossa vida se a intimidade de Jesus com o Pai fosse realmente o nosso modelo? E se jogássemos fora o sucesso, a eficácia e o impacto que buscamos obter

Capítulo 3

no mundo, e trocássemos tudo isso por uma comunhão profunda e significativa com nosso Pai Celestial? Fazendo essas perguntas a mim mesmo, tenho aprendido a não me concentrar tanto em meus resultados; busco, verdadeiramente, focar em para quem são os meus frutos. Estou

Independentemente do que está enfrentando agora, eu o desafio a buscar Aquele que cura, e não a cura.

tentando ignorar o que o mundo considera como sucesso e ter a intenção implacável de ouvir a voz de Deus. Talvez você queira tentar fazer isso também. Independentemente do que está enfrentando agora, eu o desafio a buscar Aquele que cura, e não a cura.

> *Mas busquem em primeiro lugar o Reino de Deus e a sua justiça, e todas estas coisas lhes serão acrescentadas.*
> (Mateus 6.33)

Eu o abençoo agora com uma mudança de mentalidade. Que você não seja mais cativado pela tentação de exibir resultados ou sucesso. Em vez disso, que o seu íntimo e suas afeições se voltem para o coração do Pai. Que você não deseje ter seus pedidos atendidos, mas, sim, espelhar a compaixão e a bondade de Deus. Que a resposta às suas orações seja, na verdade, poder falar e ter comunhão com nosso Pai Celestial. Todas as outras coisas fluirão desse lugar de intimidade com Ele.

CAPÍTULO 04

É HORA de SE divertir!

Capítulo 4

EXTREMISMO CRIATIVO

Depois de alguns anos no ministério de combate ao tráfico humano no México, nossa influência começou a se expandir para diferentes países. Um dos primeiros lugares a se abrir para o nosso trabalho foi o Brasil. A Copa do Mundo de 2014, que aconteceria por lá, aproximava-se rapidamente e, dois anos depois, os Jogos Olímpicos seriam realizados no Rio de Janeiro. Pelos próximos anos, os olhos de todos estariam na nação brasileira. Então, formamos uma equipe e começamos a levantar fundos para apoiar e estabelecer uma futura organização sem fins lucrativos de combate ao tráfico no Brasil. Além disso, desenvolvemos metodologias para lutar, diretamente, contra o tráfico sexual que acontece durante os grandes eventos esportivos.

A propósito, ainda não foi possível concluir se os eventos intensificam esses crimes. A maioria das pessoas acredita que traficantes, buscando aumentar sua renda, são atraídos por um grande grupo, tipicamente masculino, de consumidores potenciais que viajam para longe de casa. Outros afirmam que as estatísticas mostram o efeito oposto. Independentemente disso, aprendi, conversando com mulheres em situações de prostituição e tráfico sexual, que a indústria do sexo comercial faz planos específicos, como uma resposta direta ao possível crescimento no número de clientes.

Para a Copa do Mundo que se aproximava, sabíamos que tínhamos de tomar medidas agressivas para trazer luz às trevas e encontrar maneiras tangíveis de interromper essa indústria. Nosso coração doeu ainda mais depois de pesquisar para o documentário que filmamos: descobrimos que crianças de apenas oito anos estavam sendo vendidas como escravas sexuais no Brasil. Como faríamos a diferença? De que modo a inocência poderia ser salva e resgatada? Como impediríamos essa demanda?

Queria pensar em formas de penalizar e prender traficantes e consumidores. Tive uma ideia para fazê--los passar vergonha e sofrer consequências financeiras. O plano era usar câmeras e luzes para expor clientes encontrando mulheres nas ruas. Nós os seguiríamos até a entrada do hotel, ou aonde quer que fossem, e transmitiríamos a filmagem ao vivo em um *site*, para envergonhar essas pessoas. Quando compartilhei minha ideia "genial" com conselheiros sábios, eles me perguntaram se esse método mostraria fielmente o amor e a misericórdia de Deus para com os envolvidos. Não estava preparado para essa resposta nem para pensar em traficantes ou consumidores por essa perspectiva. Em meu coração, sabia que a coisa certa a fazer era mostrar bondade e graça, encontrando uma maneira de abençoá--los, e não de amaldiçoá-los.

Ao longo dos meus anos de atuação nesse campo, aprendi que todos estão quebrados, de uma forma ou de outra. Nosso papel nunca é julgar. Na verdade, o Senhor jamais nos chamou para isso; esse é o trabalho d'Ele, não o nosso. Como povo de Deus, fomos levantados para amar como Cristo nos amou (cf. João 13.34).

Capítulo 4

Com a minha ideia inicial de envergonhar os clientes, perdi de vista o coração do Pai por toda a humanidade. Priorizei o alvo de parar a indústria do sexo comercial, acima do caminho de arrependimento ao qual Deus quer nos conduzir, mostrando-nos Sua bondade. Foquei no objetivo final e estava disposto a usar qualquer meio para chegar até ele. Não considerei o quanto o ser humano está ferido e necessita de um Pai misericordioso.

> **Nosso papel nunca é julgar. Na verdade, o Senhor jamais nos chamou para isso; esse é o trabalho d'Ele, não o nosso.**

Pouco tempo depois de ouvir esse sábio conselho, fiz uma viagem ao Panamá, como parte dos nossos preparativos para os projetos no Brasil. Foi quando mudamos drasticamente o foco do trabalho de intervenção. Nossa temporada lá nos apresentou o caminho para demonstrar amor incondicional. Fomos a uma conferência de liderança coordenada por uma organização missionária internacional na Cidade do Panamá. Tenho muito respeito por todo o trabalho de evangelismo radical que suas equipes fazem ao redor do mundo. Eles são verdadeiramente inspiradores e moldaram, de modo positivo, minha experiência pessoal com missões e evangelismo.

Na conferência, tive a oportunidade de me encontrar com os principais líderes brasileiros dessa organização, para falar sobre o trabalho de divulgação que planejavam para a próxima Copa do Mundo. Eles estavam particularmente interessados em abordar a questão da demanda de prostituição durante os eventos para torcedores.

Perguntei sobre o plano de ação, e me disseram que era ir aos locais onde esses encontros aconteciam, distribuir panfletos e conversar com as pessoas sobre o tráfico. Embora a estratégia fosse consistente, faltava a intervenção direta, necessária para conter a procura em zonas de prostituição. Sugeri que abordássemos os clientes em potencial e as profissionais do sexo, mas eles rejeitaram a ideia, por causa do risco ao qual os integrantes de sua equipe estariam expostos. O perigo mais evidente era a existência de cafetões perigosos com a intenção de proteger o território; mas os líderes da organização também não queriam expor os membros de seus times à tentação sexual, enquanto interagiam naqueles ambientes.

Ainda que eu entendesse suas preocupações, fiquei desanimado, pois achava que a necessidade de intervir ali era grande demais para não arriscar. Mais importante que isso, creio firmemente que somos o sal e a luz da Terra (cf. Mateus 5.13-14), a quem foi dada autoridade divina para brilhar a luz de Cristo nos lugares mais escuros e malignos. Seu poder é capaz de, facilmente, superar quaisquer ameaças ou tentações que possam surgir. Acredito que quando enfrentamos oposições ao domínio do Senhor, não importa o quão grandes sejam, elas acabam dobrando seus joelhos em submissão à autoridade irrevogável de Deus.

Depois da minha conversa com esses líderes brasileiros, eu tinha uma escolha a fazer. Poderia desistir de realizar qualquer trabalho antitráfico no Brasil e

Capítulo 4

simplesmente voltar para casa. Teria sido uma decisão fácil, e a maioria das pessoas não me julgaria por isso. Seria justificável, porque o contexto apresentado era totalmente diferente do que conhecíamos no México, e ainda não tínhamos nenhum ministério ativo na nação brasileira. No entanto, não foi o que fiz.

Tive um profundo senso de convicção que me empurrou para além da lógica racional, rumo a um posicionamento de fé radical. Isso não é confortável e nem tudo flui facilmente desse ponto. Quando nos posicionamos dessa maneira, temos de superar dificuldades e lutar por aquilo em que acreditamos. Existem obstáculos e oposições, mas é a partir disso que somos impulsionados a viver nosso destino.

CORRENDO COM SUA MATILHA DE LOBOS

Diego Traverso é um chileno louco e piedoso, além de um *filmmaker* incrível, que tenho a honra de chamar de amigo. Juntos, viajamos pelo mundo, atuando em muitas áreas diferentes, incluindo ajudar vítimas de tráfico humano, desastres naturais e outros tipos de crises. Ao longo dos anos, ele me desafiou a ser mais criativo na maneira como servimos aos necessitados.

Na viagem ao Panamá, Diego estava comigo. Depois do nosso encontro com os líderes brasileiros da organização missionária internacional, voltei-me a ele e disse com convicção: "Não podemos esperar fazer o tipo de evangelismo direto que imaginamos no Brasil, se antes não o fizermos no México". Ele concordou, e começamos a fazer planos para agir nesse sentido.

Traverso disse que havia uma zona de prostituição bem perto do seu apartamento, no México, por onde deveríamos começar. Compartilhei minha ideia de organizar uma festa na rua, para demonstrar amor às profissionais do sexo, aos clientes e até aos cafetões. Ele sugeriu um grupo perfeito de voluntários para servir nesse projeto e se ofereceu para filmar a noite inteira, como uma forma de compartilhar esse testemunho e documentar um modelo replicável, que poderia ser usado em outras áreas.

Relacionamentos como o que temos são essenciais e vão além de servir ou trabalhar junto. Neles, existe um componente catalítico que move o Céu e a Terra. Você pode encontrar exemplos de amizades assim em toda a Bíblia: Davi e Jônatas (cf. 1 Samuel 18.1-4), Paulo e Silas (cf. Atos 15.40; 18.25-40), Elias e Eliseu (cf. 2 Reis 2.1-13), entre muitos outros. Ao longo dos anos, minha amizade com Diego cresceu e passou a incluir mais pessoas, como Josh, Rodolfo, Dan e Christian.

Se você é um líder, eu o encorajo a olhar para a direita e para a esquerda. Observe os amigos que servem e constroem a vida com você. Se não encontrar ninguém por perto, pode ser que haja um problema. Por outro lado, se você tem pessoas a quem ama e em quem confia,

Capítulo 4

eu o incentivo a trazê-las para ainda mais perto e lutar lado a lado. Comprometam-se uns com os outros, como uma matilha de lobos, compartilhando a visão, o respeito mútuo, a honra e a fé aventureira.

DEUS SEGUROU A CHUVA

Depois que voltamos para a Cidade do México, começamos os preparativos para o evangelismo. Pedimos aos voluntários que nos encontrassem no apartamento de Diego em um horário determinado, e preparamos várias atividades para a festa noturna na zona de prostituição. Nossos planos incluíam distribuir alimentos, bebidas e flores, curtir música ao vivo, fazer pulseiras com as crianças e oferecer serviço de manicure para as mulheres.

Lembro-me de dirigir até a casa do meu amigo naquela tarde de sábado. Foi um dia claro de verão, sem nuvens no céu. Cheguei um pouco mais cedo, para assegurar que estávamos preparados em questões logísticas. Quando os voluntários entraram no apartamento, só havia espaço para que ficassem em pé. Nesse momento, as coisas começaram a ficar caóticas. Luísa, esposa de Diego, apontando para fora, mostrou-me que uma tempestade estava prestes a desabar. Pudemos claramente ver nuvens escuras e ameaçadoras formando uma parede no céu.

O que deveríamos fazer diante daquela situação? Poderíamos adiar o evangelismo, mas já tínhamos cerca de sessenta pessoas esperando para sair às ruas e servir.

Também seria possível aguardar até que a chuva passasse, só que não havia garantia de que, depois disso, ainda haveria profissionais do sexo na região. Foi necessário aproveitar o momento e o tempo disponível. Subi em uma cadeira e comecei a dividir os voluntários em grupos, designando-lhes responsabilidades. Orientei que todos estivessem prontos para servir dentro do nosso intervalo limitado. Nós oramos juntos e fomos às ruas.

Quando saímos, o vento soprava forte. Ao olhar para cima, pude ver uma demarcação clara: de um lado, um céu azul e brilhante; do outro, nuvens de tempestade preto-acinzentadas. Enquanto filmava, Diego comentou comigo: "Olhe para cima de onde estamos. O tempo ainda está aberto aqui, mas lá, para onde precisamos ir, já está escuro".

Avaliando a situação, concluí que teríamos quinze ou, no máximo, trinta minutos para fazer o nosso evangelismo — festa na rua — antes de a chuva despencar. Enquanto cruzávamos a avenida principal em direção ao local em que íamos nos instalar, coloquei-me em frente ao nosso grupo e orei em voz alta. Repreendi o vento e a chuva, reivindiquei o poder e a autoridade de Jesus e declarei que o amor incondicional de Deus se manifestaria de forma evidente naquela noite. A ventania levantou poeira em minha boca enquanto eu orava mais alto, gritando.

Chegamos à esquina e arrumamos rapidamente toda a decoração. Enviamos grupos para distribuir

Capítulo 4

flores, convidando as pessoas que estavam trabalhando na região para a festa. Também tocamos música ao vivo e oferecemos alimentos e bebidas. Com a movimentação, as crianças da vizinhança saíram para ver o que estava acontecendo, e nossos voluntários logo as chamaram para fazerem pulseiras e brincarem de jogos improvisados. Finalmente, as mulheres começaram a chegar e receberam orações, bem como serviço de manicure. Ali mesmo, na festa, algumas danças espontâneas surgiram, e aquela cena me lembrou da letra da música *"Did you feel the mountains tremble?"*[1] ("Você sentiu as montanhas tremerem?"), especificamente o verso que diz *"dancers who dance upon injustice"* ("dançarinos que dançam sobre a injustiça"). Ver aquele evangelismo na rua atrapalhar o comércio sexual, por um momento, e iluminar uma esquina tão escura da cidade foi como assistir a um milagre acontecer diante dos nossos olhos.

Estávamos tão envolvidos na festa que nos esquecemos da tempestade iminente. Após cerca de duas horas e meia, percebemos que nem uma gota de chuva havia caído. Para tornar a história ainda melhor, voluntários que retornaram para casa a pé relataram que, a poucos quarteirões de nós, as ruas estavam tão inundadas que era impossível atravessar em alguns pontos. Deus segurou a chuva, e nós filmamos tudo.

---

[1] N. T.: SMITH, Martin. **Did you feel the mountains tremble?** Intérprete: Martin Smith. *In*: UNITED, Hillsong. *King of majesty*. Sydney: Hillsong Music and Resources LLC, 2001. 1 álbum, faixa 11 (54 min.).

MILAGRE em MEIO à DOR

Essa experiência nos garantiu que não há absolutamente nada que possa conter ou deter o amor do Pai. E isso criou em nós um profundo senso de ousadia radical. Enquanto esperávamos, ansiosamente, pelo que havíamos planejado para as zonas de prostituição das cidades brasileiras, tínhamos plena confiança de que testemunharíamos milagres todas as vezes que levássemos a luz de Cristo para as ruas sombrias, onde o comércio sexual era ativo.

Poucos meses depois, durante a Copa do Mundo no Brasil, adaptamos as estratégias usadas em nossas campanhas na Cidade do México e conduzimos festas em zonas de prostituição em diversos lugares da nação brasileira, estabelecendo uma precedência de métodos criativos para alcançar populações vulneráveis. As festas de rua mensais continuam acontecendo, ainda hoje, em ambos os países.[2]

> **Acredito que sejamos capazes de ser as pessoas mais criativas do mundo, porque somos imagem e semelhança do Criador do Universo.**

Os passos ousados que demos durante a primeira festa na rua, no México, nos ensinaram lições importantes. A primeira é que temos de tratar obstáculos supostamente intransponíveis com soluções criativas. Se a oposição está usando esquemas que são impossíveis de se desfazer

---

[2] N. T.: No Brasil, essas ações são realizadas pela 27 Million Brasil, um dos eixos de atuação do The Justice Movement. Para saber mais, acesse *https://thejusticemovement.org/o-que-fazemos/27-million-brasil/*.

Capítulo 4

por meio de estratégias-padrão, devemos adotar uma abordagem diferente. Precisamos ser inovadores, pensar criticamente e tentar meios incomuns para resolver os problemas. Acredito que sejamos capazes de ser as pessoas mais criativas do mundo, porque somos imagem e semelhança do Criador do Universo (cf. Gênesis 1.26-27). É uma questão de usar essa parte da nossa natureza para chegar a soluções ousadas diante de contratempos.

A segunda lição que aprendemos é que nossa criatividade pode nos levar a ideias quase bizarras e aparentemente inatingíveis. Isso é exatamente como o amor de Deus por nós, que é radical em sua natureza. Se devemos amar as pessoas da maneira que Ele nos pede, então temos de procurar fazer isso usando Seu exemplo como nossa medida. O amor do Pai é extremo em Seu sacrifício, audacioso em Sua graça e eterno em Sua paciência. Como seria realmente amar do mesmo modo que Ele nos ama?

SEMPRE ABENÇOE, NUNCA AMALDIÇOE

Alguns princípios a respeito da prática da fé cristã parecem óbvios; "sempre abençoe, nunca amaldiçoe" é um deles. No entanto, quero desafiar você a pensar sobre o modo, muitas vezes sutil, como discriminamos as pessoas na hora de mostrar bondade. Frequentemente, por exemplo, retemos a paciência para com aqueles que estão no processo de se tornarem mais semelhantes a Jesus; além de julgarmos os que estão presos a situações diversas, por acreditarmos viverem as consequências da sua própria estupidez. À medida que hesitamos em estender-lhes graça, fazemos suposições, geralmente presumindo o pior. Podemos pensar que alguém merece o que está passando, que "fez por merecer", ou até achar que essa pessoa está destinada ao fracasso. Pensamentos desse tipo são maldições. Devemos ter cuidado para não julgar os demais, nem mesmo de forma sutil.

Algo que me ajuda a evitar isso é fazer perguntas às pessoas sobre a jornada delas. Tento lhes dar a oportunidade de contarem suas próprias histórias, em vez de tirar conclusões e narrar minha versão. Isso me ajuda a compreender que não se trata apenas de procurar colocar-se no lugar do outro, mas de deixá-lo à vontade para compartilhar suas experiências, explicando seus pensamentos com suas próprias palavras. Por esse motivo, busco ouvir e resistir à tendência de sobrepor minha percepção acerca de uma pessoa à sua identidade. São elas quem devem ter a voz principal ao expor suas experiências, e eu não devo interferir.

O que descobri é que o ser humano deseja apenas ser ouvido. Se você parar e escutar, suas interpretações iniciais acerca de alguém podem mudar significativamente. Eu o encorajo a tirar algum tempo, nesta semana, e se permitir ouvir os relatos pessoais de um conhecido, sem fazer nenhum julgamento prévio. Dê a ele a oportunidade de contar toda a sua trajetória, sem interrupções. Sei

Capítulo 4

que você ficará agradavelmente surpreso. É provável que queira, também, uma oportunidade para compartilhar sua própria jornada.

Além de não amaldiçoar, podemos dar mais um passo, abençoando os outros. Vamos considerar, nas narrativas dos evangelhos, o contexto da maioria dos milagres que Jesus realizou. Muitas pessoas das quais Ele Se aproximou eram consideradas marginalizadas e pertenciam aos escalões inferiores da sociedade. Leprosos, cegos e indivíduos possessos por demônios foram curados e libertos de forma milagrosa.

Às vezes, inadvertidamente, atribuímos valores contrastantes a cada tipo de pessoa e determinamos quem é digno de receber uma bênção. Costumamos fazer isso de acordo com os nossos próprios preconceitos, os quais nos "colocam em posição" de amaldiçoar os demais. Jesus nunca reteve bênçãos àqueles que a sociedade considerava indignos.

Os milagres de Cristo não mostraram distinção contra os mais rejeitados. Na verdade, Ele até preferia os párias. Como seria este mundo se o povo de Deus demonstrasse esse mesmo princípio em suas interações cotidianas? E se a Igreja fosse conhecida como um lugar seguro, sem julgamento ou discriminação? E se nos identificassem por sermos extravagantes na maneira como abençoamos nossos irmãos, sempre sendo inclusivos, abraçando-os incondicionalmente e demonstrando grande generosidade? Não é minha intenção criticar a Igreja como um todo, mas nós temos a responsabilidade e a oportunidade de fazer a diferença nas vidas com as quais temos contato todos os dias.

Você pararia para considerar as pessoas ao seu redor que foram rejeitadas e, então, tomaria a decisão consciente de abençoá-las? Ao se aproximar delas, você está disposto a renunciar às suas pressuposições e ouvi-las contarem suas histórias em seus próprios termos? Tenho quase certeza de que, fazendo isso, algo milagroso acontecerá para ambos. Quando nos envolvemos em atos de compaixão, sem qualquer preconceito, estamos preparando o terreno para um transbordamento de bênçãos milagrosas.

Um de meus mentores costumava explicar o Evangelho estendendo a mão com a palma voltada para baixo; ele balançava os dedos e, depois, a movia em direção ao chão, dizendo: "O Evangelho não é sobre vir de cima para baixo". Então, ele voltava a palma da mão para cima, começava a movê-la para o alto e afirmava: "Trata-se, na verdade, de descer e se levantar".

Essa frase simples, junto com o movimento da mão, constitui um pensamento profundo. Durante séculos, a religião tentou impor seu poder e sua vontade. Historicamente, ela foi propagada pela força, sendo que os religiosos até ameaçaram de morte aqueles que não cumprissem seus preceitos. Mas nós, como seguidores de Cristo, temos inerentemente um *ethos*[3] contrastante a

---

[3] N. E: Termo grego definido como "costume"; "aquilo que é hábito". ETHOS [1485]. *In*: DICIONÁRIO bíblico Strong. Barueri: Sociedade Bíblica do Brasil, 2002.

Capítulo 4

esse. Quando examinamos cuidadosamente a encarnação de Jesus e Seu ministério público, percebemos que Ele demonstrou humildade ao servir aos outros, oferecendo-lhes liberdade e uma vida nova. Devemos todos examinar, com honestidade, a forma como nos relacionamos com as pessoas, e aplicar esse princípio de vir **de baixo para cima**, em vez de vir **de cima para baixo**.

Se você se sente rejeitado pela sociedade, por sua comunidade ou até mesmo por sua família, eu o encorajo a fechar os olhos em espírito de oração e pedir a Deus que lhe diga palavras de afirmação e encorajamento. Lembre-se de um momento em que você foi desprezado ou se sentiu assim, e ore convidando Jesus a essa memória. Observe Suas expressões faciais, Suas ações e as palavras que Ele tem a lhe dizer. Garanto que você só ouvirá declarações que o consolam e animam. Se escutar qualquer coisa contrária a isso, pode ser que esteja focando em sua própria mente ou nas acusações do Inimigo.

Fiz esse exercício anos atrás e me lembrei do momento em que fui estuprado quando criança. Pude ver Jesus chorando com profunda compaixão. Ouvi Sua voz trazendo palavras de verdade sobre mim; elas serviram como um bálsamo de cura em todas as minhas feridas. Além disso, Sua presença, no momento do meu abuso, lembrou-me de que eu nunca fui abandonado; e Sua promessa, de jamais me deixar ou desamparar, soa verdadeira em meu coração até hoje.

Oro para que, assim como eu, você experimente isso e tenha um encontro divino, no qual obtenha a cura para sua dor mais profunda. Também oro para que você compartilhe a graça que lhe foi dada, abençoando as pessoas ao seu redor.

CAPÍTULO 05

Você QUER RECEBER uma bênção?

Capítulo 5

UM PRESENTE DE ANIVERSÁRIO DE CASAMENTO

Meu aniversário de quinze anos de casamento com a Janice coincidiu com uma de nossas visitas à Califórnia. Então, decidimos deixar as crianças com alguns familiares e comemorar essa data em Laguna Beach por alguns dias. Uma de nossas amigas soube dos planos, procurou-nos depois de um culto e disse: "Vocês querem receber uma bênção?". Minha esposa e eu nos olhamos, sorrimos em concordância e respondemos: "Sim, nós queremos!". Afinal, não é todo dia que alguém quer abençoar você com um presente. Nossa amiga disse que nos ofereceria dois jantares incríveis, ela faria as reservas nos restaurantes e pagaria. Precisávamos apenas aparecer lá e comer. Pareceu uma proposta incrível.

No dia seguinte, partimos para Laguna Beach. Estávamos curiosos, imaginando como seriam nossas refeições nas próximas duas noites. Fizemos *check-in* no hotel e fomos ao primeiro destino para jantar. O lugar era espetacular! Tinha vista para o mar e serviço excelente. Parecia um sonho.

Quando a sobremesa estava para ser servida, recebi um telefonema de nossa amiga generosa. Imaginei que ela queria falar conosco apenas para ter certeza de que aproveitávamos a noite e de que tudo ia bem. Em vez disso, ela disse: "Desculpe-me por incomodá-los agora, mas estou tentando ligar para o restaurante e para o hotel. Já tentei pelo meu celular e pelo telefone fixo, mas não consigo contato. Você poderia passar a ligação ao gerente, para que eu possa acertar a conta do jantar?". Fiz isso, e ele trouxe meu aparelho de volta em alguns minutos. Perguntei-lhe o que poderia ter impedido que nossa amiga telefonasse diretamente para o restaurante. Ele disse que não estavam com problema algum e que, provavelmente, havia sido algo da parte dela. Isso nos pareceu um pouco estranho, mas não pensamos mais sobre o assunto.

No dia seguinte, fomos a um local conhecido para tomar café da manhã e, na volta para o hotel, decidimos caminhar pela praia. Enquanto andávamos de mãos dadas, sentindo o calor do sol e o frescor das ondas, avistamos nossa amiga. Nós a chamamos e perguntamos: "O que está fazendo aqui? Você mora a mais de uma hora e meia de distância!". Ela exclamou: "Aconteceu de novo! Não consegui entrar em contato com o restaurante onde fiz a segunda reserva para vocês. Tentei de todos os meus telefones — celular, residencial e do escritório —, mas nenhum deles funcionou. Então, decidi colocar tudo o que precisaríamos no carro, trazer meus filhos e resolver isso pessoalmente. Assim, também temos a chance de passar o dia na praia. Mas não se preocupem, já cuidei de tudo. Divirtam-se esta noite!". Dissemos que não era necessário dirigir tanto para fazer isso por nós, mas reconhecemos o quanto ela foi extremamente generosa com seu tempo e dinheiro. Quando nos despedimos, ela disse que nunca teve tanta dificuldade em abençoar alguém.

Capítulo 5

Suas palavras me soaram familiares. Lembrei-me de todas as outras vezes, em nosso ministério, em que alguns irmãos tentaram realizar doações ou nos abençoar com presentes, mas enfrentaram obstáculos. Tive uma sensação estranha de que esses empecilhos não aconteciam por causas naturais, mas que poderiam existir razões espirituais pelas quais as pessoas, frequentemente, eram bloqueadas na tentativa de serem bondosas.

Isso porque a generosidade é um princípio do Reino. É assim que Deus age com Sua graça e perdão para conosco. Ele é rico em misericórdia (cf. Efésios 2.4), e somos chamados para ser da mesma forma. Esse posicionamento pode nos libertar de ambições egoístas e nos ensinar a edificar os outros. É por isso que o Inimigo odeia ver os crentes agindo desse modo. Ele usa a ganância e o amor ao dinheiro para sufocar quem dá com alegria (cf. 1 Timóteo 6.10), além de aproveitar o ressentimento para evitar que tenhamos generosidade perdoando nossos irmãos. É fundamental que vivamos esse princípio para a liberdade individual e o avanço do Reino, afinal, o Diabo trabalha duro, a fim de impedir que isso seja predominante na Igreja.

Satanás também se esforça para impossibilitar que uma bênção ou resposta à oração sejam recebidas pelos que creem. Em João 10.10, Jesus fala que deseja dar vida abundante a todos nós; antes disso, porém, Ele diz que o ladrão vem para roubar, matar e destruir. O que está sendo saqueado de nossas vidas? Podemos não estar cientes dessas ações, mas o Inimigo planeja levar tudo aquilo que o Senhor preparou para nós, nos desencorajando e nos fazendo duvidar de Seu imenso amor.

E se o Diabo pudesse atrapalhar ou impedir que as respostas às suas orações chegassem até você e, em seguida, semeasse palavras de dúvida em seus pensamentos? Você poderia questionar se Deus está realmente o ouvindo, ou se fez algo errado que o desqualificou para receber uma bênção. Provavelmente, todos nós tivemos esses pensamentos em algum momento da vida, mas eles são mentiras e não devem ter poder ou influência sobre nós.

Entretanto, é comum cairmos nesses enganos quando Satanás também inibe, efetivamente, que recebamos as respostas às nossas orações. Seu esquema é semear incertezas, sussurrando mentiras que nos façam questionar nosso próprio valor, e confundir nossas crenças a respeito de como Deus nos enxerga. Isso acontece até que, finalmente, ele tenha distorcido a imagem que temos do Senhor. À medida que suas palavras se acumulam e nos tornamos mais convencidos delas, nossa percepção a respeito de um Pai Celestial amoroso e atencioso torna-se deformada.

Para ter nossas mentes livres desses enganos, precisamos nos lembrar, constantemente, de que chegará o dia em que nada nos impedirá de louvar a Deus. Nenhum medo, equívoco ou imagem distorcida obscurecerá nossa visão, e veremos o Senhor de forma plena em Seu trono. Nós O contemplaremos na plenitude da Sua glória e, verdadeiramente, O conheceremos como

Capítulo 5

Ele deseja ser conhecido (cf. Apocalipse 22.3-4). Anseio por esse dia e, quando o momento chegar, finalmente seremos capazes de nos enxergar como Deus nos vê, totalmente redimidos e revestidos de justiça. Ficaremos maravilhados com o que o Senhor fez por cada um de nós.

Nesse meio tempo, enquanto estamos na Terra, seguimos na batalha contra o Inimigo e suas táticas tortuosas. Mas, ao invés de apenas ser golpeado, encorajo você a ter uma consciência elevada das conspirações que podem impedir sua capacidade de experimentar a vida abundante, a qual é possível aos que estão em Cristo (cf. João 10.10). Se você já se perguntou por que não vê avanços em determinadas áreas, a próxima seção pode ajudá-lo a entender um ponto importante dos romperes: como as orações são respondidas.

O SISTEMA DE ENTREGAS DAS ORAÇÕES RESPONDIDAS

Para compreender esse tema, vamos olhar para uma série de eventos relatados no livro de Daniel. No capítulo 9, a Palavra afirma que ele orou, arrependeu-se de suas ações e do comportamento do povo de Israel, que estava exilado na Babilônia (cf. vs. 3-11). A partir do versículo 20, está escrito que, enquanto ainda falava com o Senhor, o anjo Gabriel lhe apareceu voando rapidamente e disse: "Quando você começou a fazer as suas súplicas, foi dada uma ordem, e eu vim para explicar tudo a você [...]" (v. 23). As orações de Daniel foram atendidas enquanto ele ainda orava. A resposta foi dada depressa e estava à sua disposição no momento em que começou a clamar.

Quando avançamos para o capítulo seguinte, lemos que o profeta teve a revelação de que uma guerra estava próxima (cf. v. 1). Ele orou e lamentou por três semanas, durante as quais não recebeu uma resposta sequer do Senhor, ao contrário do que havia acontecido anteriormente. Depois desse período, ele teve a visão de um anjo, que lhe explicou o que aconteceu.

> *Então ele me disse: — Não tenha medo, Daniel, porque as suas palavras foram ouvidas, desde o primeiro dia em que você dispôs o coração a compreender e a se humilhar na presença do seu Deus. Foi por causa dessas suas palavras que eu vim. Mas o príncipe do reino da Pérsia me resistiu durante vinte e um dias. Porém Miguel, um dos príncipes mais importantes, veio me ajudar, e eu fiquei ali com os reis da Pérsia.* (Daniel 10.12-13)

O anjo disse, claramente, que teve uma resposta às orações de Daniel no primeiro dia em que ele começou a orar. Mas, enquanto tentava entregá-la, uma batalha com o Príncipe da Pérsia surgiu, impedindo-o de se apresentar diante do profeta. Somente quando o arcanjo Miguel veio em seu auxílio, ele pôde escapar e entregar a mensagem.

Não é coincidência que esses dois capítulos estejam juntos na Bíblia. Duas vezes, preocupações

Capítulo 5

ou problemas reais levaram Daniel a orar e lamentar. Em ambas as ocasiões, não apenas suas orações foram respondidas de modo sobrenatural, por meio da aparição de anjos, como também foi abertamente expresso que as respostas foram disponibilizadas de imediato. A única diferença entre as duas é que, na primeira vez, a mensagem chegou rapidamente, mas, na segunda, foi atrasada por causa de uma batalha entre demônios e anjos.

Embora a experiência de Daniel seja apenas uma representação fragmentada do sistema celestial de entrega de respostas aos nossos clamores, vemos aqui um retrato do que acontece no Reino Espiritual quando as orações são respondidas. Deus fala ou faz decretos em Seu trono, e seres angelicais são designados para entregar Suas mensagens. Os relatos desses dois capítulos não descrevem totalmente como cada oração é respondida, visto que muitas outras vezes, ao longo da Bíblia, o Senhor falou diretamente, ou profetas falaram em Seu nome. No entanto, a história de Daniel ajuda a revelar as intenções do Pai e os esquemas do Inimigo.

O fato de que as respostas a essas orações foram oferecidas de imediato pode revelar que a vontade de Deus é nos atender prontamente. Embora Daniel fosse um profeta referido pelos anjos como "[...] homem muito amado [...]" (Daniel 10.11), não devemos presumir que essa experiência tenha sido exclusiva a ele. A Bíblia deixa claro que o Senhor não mostra favoritismo (cf. Romanos 2.11). Além disso, Jesus disse que nosso Pai Celestial deseja dar "[...] coisas boas aos que lhe pedirem" (Mateus 7.11).

Levei tudo isso em consideração, na viagem com minha esposa, ao refletir sobre os obstáculos que nossa amiga enfrentou tentando nos abençoar com jantares deliciosos, para nos ajudar a celebrar nossos quinze anos juntos. Foi peculiar o fato de ela ter questionado: "Por que é tão difícil abençoar vocês?". Será que as ligações que ela fez para os restaurantes foram intencionalmente bloqueadas pelo Inimigo? Será que houve áreas da nossa vida em que respostas de orações ou bênçãos foram detidas? Caso tenha acontecido, quantas vezes sucumbi a acreditar nas mentiras de Satanás sobre elas?

Ele deseja nos abençoar de maneiras extraordinárias e extravagantes; esse é o coração do Senhor.

Não creio, porém, que toda oração não atendida ou bênção não cumprida seja resultado da interferência do Diabo. Quando Paulo insistiu em pedir que um espinho fosse removido de sua carne, o Senhor lhe disse: "[...] A minha graça é o que basta para você, porque o poder se aperfeiçoa na fraqueza [...]" (2 Coríntios 12.9). Ele teve de aprender uma lição acerca de sua fraqueza, da graça de Deus e da força a ser encontrada nisso. Foi um aprendizado sobre como desenvolver seu caráter, abandonar sua autossuficiência e se render completamente ao Senhor.

Ainda assim, a história de Daniel é relevante para a compreensão de nossas próprias experiências com orações não respondidas ou bênçãos não realizadas.

Capítulo 5

Embora não se aplique a todas as situações, devemos sempre levar em consideração as intenções do nosso Pai Celestial para conosco. Ele deseja nos abençoar de maneiras extraordinárias e extravagantes; esse é o coração do Senhor. Reconhecer essa verdade deve abrir nossos olhos e permitir que nos libertemos de quaisquer distorções que tenhamos a respeito dessa realidade.

Deus prometeu vida abundante para cada um de nós (cf. João 10.10). Não estou promovendo a teologia da prosperidade aqui. Afinal, a abundância não é puramente financeira, ela é completa. Podemos experimentá-la em nossos relacionamentos, qualidade de vida e saúde emocional. A chave para desfrutar isso é estar ciente das áreas em que temos alguma falta e, em seguida, orar efetivamente, de acordo com as intenções do nosso Pai Celestial, para ter parte na plenitude de Suas bênçãos para nós.

REIVINDICANDO O QUE É SEU POR DIREITO

Pouco tempo depois de estabelecermos nossa primeira casa de refúgio para sobreviventes do tráfico de pessoas, alguns de nossos amigos americanos nos visitaram. Um deles compartilhou uma informação interessante, que aprofundou nosso entendimento sobre pedidos não atendidos e bênçãos não realizadas.

Ele nos mostrou a oração de um satanista, em que foi solicitado que os demônios tivessem o poder de roubar respostas às orações e bênçãos dos crentes, entregando-as a bruxas. Pense sobre isso. Satanistas estão clamando agora para que os demônios sejam fortalecidos e furtem aquilo que pertence aos filhos de Deus. Isso me enfurece. Ao mesmo tempo, os cristãos, muitas vezes, imploram ao Senhor para que ouça suas orações, pensando que o problema é que Ele não as ouve. Não seja enganado; isso é uma mentira vinda diretamente do inferno. A Palavra afirma em 1 João 5.14-15:

> *E esta é a confiança que temos para com ele: que, se pedirmos alguma coisa segundo a sua vontade, ele nos ouve. E, se sabemos que ele nos ouve quanto ao que lhe pedimos, estamos certos de que obtemos os pedidos que lhe temos feito.*

Devemos ter confiança de que Deus nos ouve e pretende nos dar o que ansiamos. Não estou promovendo orações do tipo "nomeie e reivindique", em que fazemos uma petição para cada uma de nossas vontades egoístas. Também não estou dizendo que todos nós devemos pedir por milhões de dólares para ter estabilidade financeira, ainda que tentemos justificar-nos dizendo que doaremos metade desse valor. Tudo o que desejamos deve ser agradável ao Senhor. Por isso, como exercício, aconselho você a revisar as orações de Jesus ao longo dos evangelhos. Observe os temas comuns e use-os como modelo em sua própria vida de oração, para garantir que você não está

Capítulo 5

se desviando do coração do Pai. Se seguir o exemplo de Cristo, seus clamores serão agradáveis a Deus.

Diferente das orações do tipo "nomeie e reivindique", há aquelas que chamo de "tomando de volta o que é seu por direito". Pense, por um momento, em tudo o que Deus colocou em seu interior antes do seu nascimento. Existem características inatas de sua personalidade — a impressão digital do Criador em sua vida — e elas são únicas. Alguns se referem a isso como o *design* original. Entretanto, infelizmente, você pode ter experimentado um trauma ou dor que impactou sua autopercepção de forma significativa e negativa. Frequentemente, o Inimigo tira proveito desses momentos para roubar nossa capacidade de viver a plenitude do que o Senhor nos criou para ser, colocando filtros que distorcem nossa autoimagem e, em último caso, nossa visão de Deus.

Como mencionei antes, depois de sofrer tantos abusos, lutei por anos para acreditar que poderia ser puro sexualmente. Minha inocência foi tirada de mim, o que corrompeu meu sistema de crenças, fazendo-me pensar que não seria capaz de recuperá-la. Eu estava operando com base na culpa e na vergonha, pois, na verdade, a inocência e a pureza fazem parte do meu *design* original. Para restaurá-las, tive de orar e resgatar tudo o que minha dolorosa experiência roubou de mim. Percebi que estava distante do meu potencial, porque não reivindiquei proativamente o que me pertencia, tudo o que Deus colocou em minha vida antes mesmo de eu nascer. Ter essa percepção foi como entender que um ladrão havia tirado algo das minhas mãos e que eu poderia, enfim, pegar de volta o que era meu. Isso, porque, na Cruz, Jesus restaurou legalmente essa autoridade para mim.

Queria lutar por meio da oração para recuperar tudo o que estava perdido ou distorcido, e restaurar aquilo que Deus havia colocado em mim originalmente. Era como encontrar todas as peças que faltavam em um quebra-cabeça, juntá-las e exibir uma obra-prima que o Senhor sempre quis que o mundo visse.

Tive de substituir minha percepção da realidade baseada nas circunstâncias, por uma visão fundamentada nas promessas de Deus. É pela falta dessa mudança de mentalidade que muitas pessoas perdem a batalha. Quando fiz isso, senti como se estivesse redescobrindo o Senhor. Foi necessário reaprender todas as Suas promessas e intenções para mim. A verdade deveria prevalecer sobre cada decepção e questão pecaminosa da minha vida. Isso mudou meu entendimento nebuloso sobre o Senhor, deixando uma imagem clara de Seu caráter amoroso.

Comecei a orar nesse sentido, por todas as bênçãos que sabia que estava perdendo. Assim como respostas a orações, bênçãos fluem do trono de Deus para a nossa vida e não são solicitadas por ambição egoísta. Nosso amoroso Pai Celestial deseja derramá-las sobre nós simplesmente porque somos Seus filhos. É o mesmo princípio de recuperar o que faz parte do nosso *design* original. Pense assim: alguém que o ama prometeu que lhe daria um presente. Ele foi destinado à sua vida, mas outra pessoa quer se intrometer no processo de entrega. Você não

Capítulo 5

gostaria de assegurar que o receberá? Ele é uma bênção do Senhor, e você é o único destinatário.

Quando iniciamos o processo de orar para reconquistar o que nos foi roubado ou distorcido em nossas mentes, devemos nos lembrar de alguns princípios-chave. O primeiro é que saber quem somos em Cristo nos prepara para uma oração eficaz. Talvez pareça óbvio, mas deixe-me mostrar de outra forma: durante a maior parte da minha vida cristã, busquei a aprovação de Deus, tentando mostrar que estava sendo um "bom filho". Isso pressupõe que posso alcançar a "bondade" por meio de um comportamento adequado ou de atos de compaixão. Trata-se da aceitação baseada no desempenho, o que está em desalinhamento com o Evangelho.

Agora sei que meu foco principal deveria estar em "ser bom em ser filho". Minha identidade como filho de Deus é o que precisa ter minha atenção, e meus esforços devem ser baseados nisso. O objetivo é entender como posso me aperfeiçoar em receber a paternidade do Senhor. Para chegar aqui, tive de renunciar a todas as minhas tentativas de aprovação fundamentadas na *performance*, e abraçar o que fui criado para ser.

Em segundo lugar, é necessário abandonar todos os nossos sofrimentos e desvios em que nos envolvemos como resultado das perdas. Talvez você já tenha perdoado as pessoas que o prejudicaram, mas será que apresentou a Deus a dor que sentiu? Fazer isso libera a base do Inimigo, que pode gerar ressentimento em seu coração. Precisei listar, em um papel, todos os impactos e sentimentos negativos que tive, e entregá-los ao Senhor em oração. Realizei essas declarações em voz alta, e encorajo você a fazer uma proclamação, apresentando seu sofrimento a Deus, para que você e o Diabo possam ouvi-la. Depois de ter feito isso, pedi uma bênção para preencher o espaço de tudo o que foi entregue. Por exemplo, ao renunciar à negligência, pedi pertencimento e aceitação para substituí-la. Se você renunciar à depressão, peça uma alegria inesgotável. Tome medidas para ocupar, integralmente, o lugar daquilo que estava quebrado.

Quando você sabe que tem certos direitos, não se preocupa em protegê-los? Da mesma forma, é necessário reivindicar o que é seu em Cristo.

Quando oramos para reivindicar o que é nosso por direito em Cristo, devemos contrastar diretamente as orações de um satanista: "Oro para que os anjos sejam fortalecidos pelo poder de Deus, para entregar bênçãos e respostas às orações. Oro para que elas cheguem a tempo e para que não faltem em nada. Que estejam em completa conformidade com o que o Senhor pretendia quando as falou de Seu trono". Pense nos sistemas de entrega por um momento. Quando fazemos pedidos *on-line*, esperamos recebê-los no prazo, sem danos e sem nenhuma parte faltando. É essa expectativa que precisamos manter sempre que clamamos a Deus.

Agora, com essa convicção, continue orando: "Também proclamo meus direitos espirituais. Tenho autoridade para fazer isso, porque sou o destinatário

Capítulo 5

legal dessas bênçãos e respostas, pelo sangue de Cristo. Repreendo as tentativas do Inimigo de alterá-las ou roubá-las de mim". Quando você sabe que tem certos direitos, não se preocupa em protegê-los? Da mesma forma, é necessário reivindicar o que é seu em Cristo.

CAPÍTULO 06

HOMENS de BRANCO

Capítulo 6

CARTAS DE UM ASSASSINO PROFISSIONAL

Lembro-me vividamente de ter recebido, certa manhã, um telefonema frenético da diretora da casa de transição. Ela estava espantada com uma carta manuscrita que alguém havia deixado por baixo da porta. Era de um sicário — um assassino profissional, normalmente ligado ao narcotráfico e a cartéis de drogas no México. A destinatária era uma de nossas beneficiárias, a quem chamaremos de Karla.

A jovem se escondia do cartel que a havia traficado por todo o país, e nós a protegíamos enquanto ela testemunhava para a polícia federal a respeito de um caso, apresentando informações sobre o grupo. Por causa disso, a carta incluía ameaças de morte contra ela e contra nós, já que estávamos entregando às autoridades dados sobre a organização criminosa. Eles deram a Karla uma semana para deixar a cidade, caso contrário, matariam todos.

Nossa diretora ficou assustada, mas eu disse calmamente para todas as meninas da casa de transição juntarem seus pertences o mais rápido possível, pois eu iria buscá-las. Enquanto faziam as malas, a diretora viu outro envelope deslizar por baixo da porta. Era uma segunda carta do sicário, dizendo que, agora, Karla tinha até o fim do dia para deixar a cidade.

Criei um plano de saída. As meninas sairiam da casa de transição em um carro, eu as encontraria e acolheria em nossa casa. Também providenciei que um de nossos colaboradores fosse ao local combinado e levasse Karla para fora da cidade, onde estaria mais segura.

Chegando ao lugar estabelecido, ela se desculpou continuamente por nos trazer tantos problemas, mas prometi que tudo ficaria bem. Em seguida, levei a diretora e o restante de nossas beneficiárias para casa. Nervosas e assustadas, todas se ajeitaram por lá.

Havia algo suspeito nas cartas do sicário. Além das letras estranhas, dos vários erros de ortografia e das ameaças de morte, ele fez algumas declarações surpreendentes. Em primeiro lugar, afirmou que Karla era uma impostora, porque lhe disse que seu pai havia falecido anos atrás. Ela nos garantiu que falou a verdade e que não entendia o motivo de isso ser mencionado na carta, que dizia: "Você é uma mentirosa, sou constantemente visitado por dois homens vestidos de branco que alegam ter sido enviados por seu pai".

Quando Karla chegou à nossa casa de transição, cinco anos antes, estava assustada e confusa, por conta de suas experiências como vítima de tráfico sexual. Embora tentasse manter determinação em dar seu testemunho à polícia federal, ela buscava constantemente paz para sua alma por meio das orações que lhe oferecíamos, e não demorou muito para que entregasse sua vida a Jesus. Quem eram, então, os dois homens vestidos de branco que visitavam aquele criminoso? A única explicação é que eram anjos enviados pelo Pai Celestial.

Capítulo 6

O segundo aspecto incomum das cartas do sicário é que ele disse saber que Karla havia se tornado uma mulher poderosa. Existia quase um tom de admiração e medo. Foi surpreendente que ele falasse do potencial da jovem enquanto ameaçava matá-la, mas essa foi outra confirmação de sua fé genuína. Isso me assegurou da posição de verdadeira autoridade e poder que temos como filhos e filhas de Deus (cf. Lucas 10.19).

Por último, o sicário mencionou que os dois homens vestidos de branco lhe disseram para deixar Karla em paz e falaram sobre o perdão de Jesus. Que expressão surpreendente do amor de nosso Pai, que estende Sua misericórdia até mesmo aos piores criminosos. A graça de Deus vai além da nossa capacidade humana de perdoar.

Levamos as cartas manuscritas para a polícia federal. Eles fizeram testes de impressão digital e uma análise de caligrafia. Verificaram que as correspondências eram autênticas, mas o conteúdo os deixou perplexos. Diante disso, aproveitamos a oportunidade para falar sobre os dois homens de branco e o perdão de Jesus. Foi uma chance única de compartilhar um testemunho com funcionários federais.

A diretora e as outras jovens ficaram em nossa casa por aproximadamente um mês, até que ela me abordou para dizer que havia chegado a hora de irem embora. Ainda preocupados com a ameaça à segurança delas, estávamos planejando encontrar um local diferente. No entanto, a diretora disse, com firmeza, que não queria temer os homens acima de Deus, e que sabia que Ele as protegeria. Que declaração incrível e cheia de fé! Elas foram para casa e nós sentimos uma paz imensa com essa decisão. Não houve mais problemas de segurança depois desse incidente. Karla fazia visitas mensais à cidade e continuamos a atendê-la até que terminasse de prestar suas declarações às autoridades.

UM EXÉRCITO QUE NÃO SE VÊ

Em 2 Reis 6, a Palavra relata a respeito de quando Eliseu estava sendo procurado pelo inimigo de seu rei, para ser capturado. Cercado à noite por cavalos e carruagens, o servo do profeta foi dominado pelo medo de invadir o exército adversário. Então, Eliseu orou a Deus, pedindo que os olhos do rapaz fossem abertos e, assim, ele também pudesse enxergar o que o Senhor lhe havia mostrado. Ao abrir os olhos, o servo viu que cavalos e carros de fogo enchiam as colinas ao redor deles. Ele pôde enxergar o exército invisível do Senhor, que garantiria sua proteção e vitória. Testemunhamos algo semelhante quando dois homens vestidos de branco foram enviados para nos proteger de uma pessoa perigosa, que ameaçava nos matar.

Obediência significa ter confiança no conhecimento de que Deus me chamou [...].

Agora, estou ainda mais confiante de que Deus protege a mim, minha família e minha equipe. Tenho segurança não no que posso ver de forma natural, mas na promessa d'Ele acerca de

Capítulo 6

Sua presença. Sei que, se me mantenho nela, também terei a proteção divina.

Quando começamos nosso ministério, sabíamos os riscos que nos aguardavam. Combater o tráfico de pessoas no México significa enfrentar cartéis e criminosos violentos. Eu poderia morrer; afinal, desmontar uma fonte significativa de lucro para traficantes nos deixa vulneráveis às retaliações, que podem vir a qualquer momento. Tínhamos conhecimento dos perigos envolvidos nesse tipo de atuação, mas não podíamos ignorar o chamado de Deus em nossas vidas.

Ao longo dos anos, muitas pessoas me perguntaram sobre os riscos envolvidos em nosso trabalho. Questionam se temo pela segurança de minha família ou se já fizeram alguma ameaça contra nós. Minha resposta sempre é: "Sim, enfrentamos várias ameaças de morte e tomamos as precauções de segurança necessárias, mas os perigos oferecidos por homens não são um desafio para a justiça de Deus".

Não consigo pensar em nosso ministério em termos de riscos *versus* recompensas. Abandonei as ideias de tentar dar sentido a tudo. Minhas escolhas devem ser por obediência, e isso consiste em permanecer firme em meu compromisso de trazer a justiça de Deus para a Terra, independentemente de quais obstáculos ou perigos estarão diante de mim. Obediência significa ter confiança no conhecimento de que Deus me chamou, eu respondi, e Ele será fiel para completar a obra (cf. Filipenses 1.6).

VOCÊ CONFIA EM MIM?

Uma das cenas mais clássicas da animação da Disney, *Aladdin* (1992)[1], é aquela em que a princesa Jasmine suspeita que, na verdade, o príncipe Ali poderia ser Aladdin, o "rato de rua" que ela conheceu na cidade fictícia de Agrabah, enquanto fugia do palácio e de um casamento arranjado. Na primeira vez em que se viram, Aladdin ajudou Jasmine a encontrar um esconderijo com uma bela vista do palácio. Pouco tempo depois, os guardas apareceram repentinamente atrás deles, e não havia para onde correr; foi quando ele estendeu a mão para a princesa e perguntou: "Você confia em mim?". Eles, então, pularam pela janela para escapar.[2]

Se avançarmos um pouco o filme, depois desse primeiro encontro, veremos a cena em que Aladdin, fingindo ser o príncipe Ali, conversa com Jasmine em seus aposentos, em uma bela noite com o céu iluminado. Tentando escapar de um diálogo estranho, Ali/Aladdin

---

[1] N. E.: ALADDIN. Direção de Ron Clements e John Musker. Califórnia: Walt Disney Feature Animation e Walt Disney Pictures, 1992. 1 VHS (90 min.).

[2] N. T.: Nesta cena, os guardas tentavam capturar Aladdin por ordem de Jafar, o vilão do filme. Contudo, como a princesa estava disfarçada como uma civil comum, não sabiam que se tratava de Jasmine, e a perseguiram também. Por isso, ambos fugiam. Foi então que Aladdin, ajudando-a a escapar (uma vez que conhecia os melhores caminhos de fuga), perguntou se ela confiava nele e a convidou a saltar, sabendo que cairiam num monte de areia, que amorteceria a queda.

Capítulo 6

sai da varanda do palácio para um tapete mágico. Então, ele estende a mão para a princesa e faz uma pergunta familiar: "Você confia em mim?". Jasmine responde com certa curiosidade: "O quê?". Ele repete: "Você confia em mim?". Essa pergunta, parecendo-lhe conhecida, faz Jasmine suspeitar que o príncipe Ali é, na verdade, Aladdin disfarçado.

Acredito que Deus está constantemente nos fazendo essa mesma pergunta: "Você confia em mim?". Isso desafia a nossa fé, levando-nos a colocar toda a nossa segurança no Senhor, e não em coisas que podem nos proporcionar estabilidade. Confiar no Pai nos tira da nossa zona de conforto e nos guia a lugares desconhecidos, nos quais Ele está presente. Sua promessa de estar conosco (cf. Mateus 28.20) nos dá coragem para ir aonde quer que for e fazer qualquer coisa pelo Seu Reino.

EU ME VI DEBAIXO DE UMA MESA

Certa vez, quando estava na George Mason University, em Virgínia do Norte, meus amigos se preparavam para ir de carro a um retiro na Filadélfia, onde aprenderiam sobre missões. Embora não estivesse muito interessado no assunto, decidi ir junto, porque queria sair com eles. Em nossa última noite lá, houve um momento de oração. Diminuíram as luzes e começaram a tocar um teclado ao fundo, enquanto um dos pastores nos conduzia a falar com o Pai.

Não lembro como ou por que, mas me vi de joelhos, embaixo de uma mesa, segurando suas pernas com as minhas mãos. Era como se eu não quisesse renunciar a algo. Então, ouvi uma voz clara e suave me perguntar: "Você confia em Mim?". Eu sabia que era Deus, e Ele repetiu: "Você confia em Mim?". Comecei a reclamar, porque achei que o questionamento era injusto. O Senhor sabia que eu não poderia dizer "não", mas eu sabia as consequências de dizer "sim". Embora estivesse hesitante no início, quando eu finalmente disse que sim, uma onda de alegria e grandes expectativas surgiu em meu coração. Tudo na minha vida até aquele ponto passou a fazer mais sentido. Então, ouvi uma voz clara e suave dizer: "Agora vá".

Apesar do meu desinteresse inicial, dei minha vida pelo chamado naquela noite. A maior parte da minha negatividade em relação a isso veio das minhas experiências como filho de missionários. Antes do retiro, eu sabia que queria servir a Deus com tudo o que tinha, mas desejava fazer qualquer coisa, exceto missões. Não que minha experiência de crescer no exterior tenha sido ruim. Na verdade, algumas das minhas melhores lembranças são do nosso tempo como família na América do Sul. Nossas vivências lá me moldaram e impactaram positivamente meu desenvolvimento pessoal. Aprendi um terceiro idioma e conheço diferentes culturas.

Minha maior preocupação em comprometer minha vida com missões era o dinheiro. Vi meus pais passarem por dificuldades nesse aspecto, tanto no campo

Capítulo 6

missionário quanto ao sair dele. Nunca tivemos de pular refeições, mas, quando voltei aos Estados Unidos, para a faculdade, percebi uma diferença significativa entre a situação financeira das famílias dos meus amigos e a da minha. Afinal, meu pai precisou de muito esforço para encontrar outro emprego e sobreviver depois de fazer missões. Foi difícil para mim vê-lo passar sufoco nesse sentido. Isso me entristeceu profundamente.

Não queria me tornar um missionário, porque havia estabelecido, para mim, um padrão de liberdade financeira para dar aos meus filhos o que eles pedissem no Natal. No entanto, Deus desejava que eu abrisse mão dos meus projetos e de todo desconforto vindo de dolorosas experiências passadas em missões. Eu não deveria carregar nenhuma dessas condições ou vivências, pois todas eram fardos que me impediam de cumprir Seus propósitos para o meu futuro.

É um desafio identificar o que está nos prendendo, bem como cavar nossas memórias para investigar de onde isso vem. Talvez hoje você esteja detido pela mesma coisa que me deteve: profundo desconforto ou dor de experiências anteriores. Devemos discernir, de forma clara, as emoções e os compromissos que assumimos em resposta a isso. Assim que identificarmos todas essas peças, devemos submetê-las ao Pai. Sei que a renúncia nunca é fácil. Você pode ter criado uma visão de mundo inteiramente baseada no que viveu no passado, mas Deus quer ser o Senhor de toda a sua vida. Quando Jesus carregou nossos pecados com Ele até a cruz, também levou os fardos e dores que nos foram causados.

Eu o incentivo a reservar um momento para meditar sobre o que pode estar impedindo você de cumprir o propósito que recebeu. Mergulhe fundo em seu passado. Oro para que, ao fazer isso, o Espírito Santo o guie, console e cure suas feridas antigas. Depois de reconhecer todas as peças que o prendem, certifique-se de dizer, em voz alta, que você está entregando esses pesos a Deus, e convide Seu senhorio para cada área de sua vida.

PROTEÇÃO FAVORECIDA

Muitos de nós fazemos, regularmente, uma oração de proteção sobre nossa vida, família e entes queridos. Torna-se parte da nossa rotina pedir ao Senhor que nos guarde do mal ou de qualquer oposição que apareça em nosso caminho. O que aprendi com a experiência dos "homens vestidos de branco" é que o cuidado divino está, constantemente, disponível para nós quando estamos promovendo o Evangelho. Isso é o que chamo de "proteção favorecida".

Ao contribuirmos com a expansão do Reino, Ele sabe que enfrentaremos oposições em muitos níveis, e fornece Sua proteção todas as vezes em que somos atacados. Isso ocorre, porque há riscos e perigos inerentes envolvidos na ultrapassagem do território inimigo. Embora sua retaliação seja inevitável, os propósitos de Deus sempre

> [...] o cuidado divino está, constantemente, disponível para nós quando estamos promovendo o Evangelho.

Capítulo 6

serão cumpridos. Consequentemente, a proteção favorecida permite que **atravessemos** esses ataques, embora não nos mantenha **longe** deles. Isso nos ajudará a **passar** pela tempestade, mas não a **contorná-la**.

Muitos querem viver em fé radical, mas estão preocupados com a estabilidade financeira, incertos sobre o futuro e cheios de dúvidas. Eu o encorajo a confiar em Deus e ter plena certeza de que Ele protegerá a você e sua família, enquanto dá passos ousados de fé. O Senhor suprirá todas as suas necessidades (cf. Filipenses 4.19) à medida que você trabalha pelo avanço do Seu Reino. Ele o lembra de que a parte mais importante da sua identidade é saber que você é Seu filho amado. Deus está estendendo-lhe a mão e pedindo que confie n'Ele. Tudo o que você precisa fazer é segurá-la e dizer "sim".

CAPÍTULO 07

ANDE, não CORRA

Capítulo 7

DIAS DE VERÃO

Quando era criança, passava grande parte do verão na piscina da comunidade. Tenho boas lembranças de manter meus olhos abertos debaixo d'água, até que estivessem vermelhos e ardendo. As músicas *pop* dos anos 1980 explodiam o sistema de som enquanto brincávamos de "Pega-pega tubarão" e de "Marco Polo". Eu sempre me envolvia em problemas com os salva-vidas.

Assim que saíamos da água, por conta dos intervalos obrigatórios de natação ou para fazer outras brincadeiras, ouvíamos os salva-vidas soprarem seus apitos e gritarem: "Andem! Não corram!". Na mente de uma criança, isso é impossível. Como eu iria andar quando precisava ganhar um jogo ou fugir de uma garotinha que meus amigos e eu estávamos provocando? Sei que os avisos dos salva-vidas eram bem-intencionados, mas nos pareciam pedidos exagerados. Como um meio-termo, muitos de nós "corriandávamos", o que era, basicamente, fazer uma estranha caminhada acelerada, com braços e pernas tensionados. Nos movíamos mais rápidos do que ao andar, mas um pouco mais lentos do que ao correr — mas é claro que, longe da visão dos responsáveis, nós apenas corríamos.

À medida que crescia, aplicava esse mesmo ritmo apressado à minha vida. Sempre estive ansioso para chegar aos lugares rapidamente. Quando comecei a trabalhar, queria obter muitas conquistas no ministério, mantendo um ritmo frenético. Acreditava que quanto mais conseguisse realizar em um curto espaço de tempo, mais sucesso teria. Isso também se deve, em parte, à minha natureza competitiva. Para o bem ou para o mal, preferia ver todos os outros pelo meu espelho retrovisor, do que ver lanternas traseiras à minha frente.

Em se tratando do ministério, convencia-me de que meu raciocínio era justificável. Afinal, estamos lutando contra o tráfico de pessoas, e os traficantes ficam acordados a noite toda fazendo planos e se organizando. Dizia a mim mesmo que precisava, pelo menos, corresponder à intensidade deles.

De fato, penso que podemos acabar com a escravidão moderna e o tráfico humano na próxima geração. Mesmo que não consigamos alcançar sua erradicação global e total, é possível darmos passos significativos nesse sentido. Para que isso aconteça, muito deve ser feito em tempo limitado; por esse motivo, trabalhei incansavelmente para garantir que tivéssemos um progresso considerável.

Muitas pessoas podem se identificar com o esforço incessante em prol de um objetivo, seja este entrar em forma física ou fazer algo para o bem maior da humanidade. Independentemente disso, as visões que temos do futuro podem nos consumir. Ou o fim parece tão inatingível que perdemos a esperança e desistimos, ou somos tão intensos em nossa abordagem que acabamos com toda a nossa energia tentando manter um ritmo irreal.

Capítulo 7

Esse último é chamado de *burnout* (ou esgotamento)[1] e já aconteceu comigo. Senti-me como uma criança na piscina da comunidade novamente, tentando correr da forma mais frequente e intensa possível. Era quase tóxico. Com o tempo, passei a exigir mais e mais de mim e da minha equipe, até que extrapolei os limites.

ASSUMINDO UMA QUANTIDADE INSALUBRE DE RESPONSABILIDADES

Começamos nosso trabalho de combate ao tráfico de pessoas com um projeto: uma unidade de pós-atendimento. A casa de refúgio exigiria bastante trabalho, pois demandava muita atenção e energia. Ainda assim, sempre foi nossa visão expandir para as diferentes áreas dessa luta. Sabíamos que precisávamos de uma abordagem completa para que houvesse transformação real na cidade e no país.

Priorizamos iniciativas de prevenção e intervenção. Começamos a organizar festas de rua, exibir vídeos de realidade virtual em escolas e eventos públicos, e abrimos um centro comunitário na zona de comércio sexual. Então, criamos um programa de restauração: uma marca de acessórios que emprega mulheres que decidem abandonar a prostituição. Por último, abrimos uma casa

---

[1] N. E.: **Síndrome de burnout**. Publicado por *Governo Federal* em 24/11/2020 e atualizado em 30/12/2021. Disponível em *https://www.gov.br/saude/pt-br/assuntos/saude-de-a-a-z/s/sindrome-de-burnout*. Acesso em janeiro de 2022.

de transição, para as moças que ultrapassavam a idade para o nosso projeto na casa de refúgio. Estávamos crescendo rapidamente e nossa carga de trabalho aumentava de forma significativa.

Para executar todos esses planos, precisávamos de mais funcionários e voluntários. Parecia que, da noite para o dia, estávamos gerindo três vezes mais pessoas do que antes. Todos eram apaixonados por seus trabalhos, o que foi uma bênção enorme e compensou meus erros como líder. A verdade é que eu me sentia confortável liderando um pequeno grupo, mas fazer isso com uma organização era extremamente desafiador.

Com essa expansão, nosso orçamento anual cresceu de maneira exponencial. Na época, o peso da arrecadação de fundos recaía exclusivamente sobre meus ombros. Isso me causou uma quantidade incomum de estresse mental e emocional. O fato de eu, muitas vezes, dizer à nossa equipe: "Não se preocupem com dinheiro. Cuidarei das finanças, apenas se concentrem em seus trabalhos com as beneficiárias" não ajudou. Eu estava me enganando ao presumir que poderia fazer isso, já que não tinha a menor ideia de como arrecadar fundos para uma organização sem fins lucrativos. Contei fortemente com pessoas e igrejas para doarem. Escrever propostas para patrocinadores e trabalhar em estreita colaboração com fundações maiores eram conceitos completamente estranhos para mim, o que limitava a minha capacidade de levantar grande quantidade de dinheiro, uma parte necessária para sustentar o crescimento de uma instituição.

Capítulo 7

No entanto, os problemas que enfrentamos por crescer muito rapidamente como organização não se comparam aos que enfrentei no âmbito pessoal, assumindo responsabilidades demais pelo sucesso do nosso ministério. Reprimi muita ansiedade e estresse, que se acumularam ao administrar nossa equipe e arrecadar fundos. Uma voz temerosa dentro de mim repetia: "Você não vai conseguir levantar o dinheiro de que precisa no próximo mês. O que vai fazer?". Ela tinha mais poder sobre mim do que os anos de memórias da fidelidade e provisão de Deus.

No fundo, eu sabia que Ele tinha tudo sob controle, mas a ansiedade monopolizou minha atenção a ponto de eu não conseguir me posicionar em dependência total. O estresse me levou a trabalhar mais e, erroneamente, acreditei que poderia ser curado mantendo-me ocupado ou tentando produzir maiores resultados com minha própria força. Eu estava preso em um ciclo vicioso sem fim.

UMA PEDRA FALOU COMIGO

Durante essa temporada tumultuada de estresse e ansiedade, tive a oportunidade de escapar e ir a uma conferência nos Estados Unidos. Eu pertencia a um grupo internacional de líderes que estavam fazendo um trabalho fenomenal de justiça social em todo o mundo. O organizador coordenou tudo para que aqueles que lutavam contra o tráfico humano fossem reunidos em um congresso que tratava a respeito da prostituição. Desse grupo especial, quatro de nós compareceram, junto a mais algumas centenas de pessoas.

Tive tempo para me desafogar e desconectar do peso de minhas responsabilidades. Até mesmo o trajeto até o centro de conferências foi relaxante. Era um dia claro e eu sentia leves arrepios na pele por conta de todas as árvores, belas e verdes, que vi.

Durante a conferência, prestei atenção, especialmente, aos outros integrantes do meu grupo. Todos eram profissionais experientes, bem-sucedidos e respeitados por seus pares. Alguns deles estavam acompanhados por um membro da equipe de apoio, com o objetivo de serem auxiliados nas apresentações e manterem-se informados a respeito que do que acontecia em suas organizações. Enquanto isso, eu não tinha a menor ideia do que se passava com a minha equipe no México e me sentia incapaz de ser comparado a eles.

No final da tarde, nós quatro decidimos sair da conferência por um momento, para nos sentarmos em uma mesa e compartilharmos nossas histórias uns com os outros. Os três falavam e mencionavam lutas semelhantes às minhas. Embora estivéssemos em estágios diferentes como líderes em nossas organizações, todos dividíamos histórias de sucesso e dificuldades parecidas. Ouvir aqueles relatos foi vivificante para mim, porque percebi que não estava sozinho em meus desafios de liderança. Tive uma perspectiva nova e maior sobre a saúde e o crescimento de nosso ministério no México. Lembro-me de ter confessado que, por tolice, carregava fardos que

Capítulo 7

não me pertenciam. Guardo com carinho a tarde em que tive essa conversa com aqueles três líderes, com os quais desenvolvi profunda amizade e uma afinidade que dura até hoje.

Todos na conferência foram chamados para participar da última atividade em grupo. Enquanto estávamos reunidos no auditório principal, os facilitadores se aproximaram de nós, mostraram-nos uma mesa coberta de pedras e explicaram que, mais cedo naquele dia, uma equipe de oração havia escrito mensagens inspiradoras nelas. Eles nos instruíram a orar e pedir a Deus que falasse conosco. Então, deveríamos ir até a mesa e escolher uma pedra com a mensagem destinada a nós.

Sentado no chão, no fundo do auditório, escutei atentamente as instruções. Pensei: "Preciso receber uma boa palavra antes de sair deste lugar". À medida que as outras pessoas avançavam, inclinei minhas costas contra a parede atrás de mim, levantei meu rosto em direção ao céu e comecei a orar. Depois de um tempo, lentamente, fiz meu caminho até a mesa, que estava cheia de pedras espalhadas, de variadas cores. As palavras estavam voltadas para baixo. Então, minha mão pairou sobre elas, até que escolhi uma branca e áspera, que eu sabia ser a certa para mim. Segurei firmemente aquela pedra em minha mão e voltei para o meu lugar no chão. Antes de ler o que estava escrito, fechei meus olhos mais uma vez. Quando finalmente abri, deparei-me com as palavras: "Ande devagar".

Comecei a soluçar sozinho enquanto um peso, consistente como uma montanha, saiu de meus ombros. Todo o estresse e ansiedade que se acumularam ao longo dos anos começaram a se dissipar à medida que eu meditava naquelas duas palavras, que eram um bálsamo de cura para minha alma.

ANDE DEVAGAR E ANDE BEM

A mensagem era: "Ande devagar". Esse era um conceito estranho para mim. Sempre tive pressa para realizar e alcançar as coisas, então realmente nunca considerei isso como uma opção. Muitas vezes, critiquei as pessoas que viviam dessa forma, pois via a caminhada como um meio para um destino, o qual sempre foi mais importante para mim do que o processo de chegar até ele.

Naquele dia, porém, enxerguei o perigo dessa abordagem na construção de uma organização ou ministério, pois você pode deixar-se consumir com o destino, desconsiderando a saúde geral de sua equipe. Historicamente, pessoas e líderes de movimentos que justificaram os meios pelo fim, encontraram-se em grandes dificuldades. Esse não era o caminho que eu queria seguir, então tive de aprender a andar mais devagar.

Precisei abandonar o ritmo frenético em que estava operando e renunciar ao valor que atribuía às realizações. Foi como tirar o pé do acelerador do meu carro. Assim como alguns de nós gostam da emoção de dirigir em alta velocidade ou chegar ao destino o mais rápido possível,

Capítulo 7

eu estava desfrutando a sensação de fazer nosso ministério crescer de forma veloz. No entanto, nossas conquistas prejudicaram minha saúde pessoal e a da organização. Minha ambição egoísta estava no banco do motorista, por isso eu tive de reassumir o controle.

Quando estamos dirigindo um veículo muito rapidamente, a polícia pode nos parar e dar uma multa por excesso de velocidade; podemos nos envolver em um acidente ou, ainda, é possível que o motor falhe por ter sido forçado demais. Existem sinais de alerta que indicam a necessidade de desacelerarmos, mas será que estamos dispostos a prestar atenção neles e realmente diminuir a velocidade? Caminhar devagar significava correr o risco de me expor a mim mesmo e à minha equipe, bem como desviar a prioridade dos meus objetivos, dando preferência ao meu bem-estar emocional e ao dos outros. Isso também implicava renunciar ao valor que atribuí à obtenção de resultados — o que discutirei de modo mais detalhado no próximo capítulo.

Por fim, incorporamos "ande devagar" às declarações de cultura da nossa organização, mas, além disso, adicionamos "ande bem". Desacelerar não é suficiente. O descanso é crucial, mas se voltarmos ao mesmo ritmo frenético depois disso, perderemos o foco. Andar bem é levar uma vida saudável, priorizando as coisas importantes acima das urgentes e valorizar os relacionamentos acima das tarefas.

Os líderes enfatizam a visão, e nós estimamos isso, pois ela é importante. No entanto, a forma como a

Andar bem é levar uma vida saudável, priorizando as coisas importantes acima das urgentes e valorizar os relacionamentos acima das tarefas. obtemos é igualmente valiosa. O processo para alcançar uma visão deve ser prioridade. Desenvolver caráter e integridade é crucial; eles são tão importantes quanto a base de um edifício. Um prédio sem fundamento pode parecer impressionante, mas está fadado a desabar após alguns desafios. Jesus mencionou o valor do caráter no capítulo 7 de Mateus, comparando-o à construção de uma casa sobre a rocha, em vez da areia (cf. vs. 24-27).

Além de priorizar o processo de concretização da visão e desenvolvimento do caráter e integridade, a coerência é fundamental para andar da melhor forma. Ela envolve integridade, além de uma clara aplicação prática. Caminhar bem significa manter a concordância entre aquilo que dizemos e o que fazemos. Isso indica que tudo o que pensamos ou sentimos deve estar alinhado à forma como nos expressamos. Ou seja, nossa vida privada e invisível precisa ter harmonia com a nossa vida pública.

UM RITMO ALEGRE

Para algumas pessoas, o mero conceito de reduzir a velocidade é assustador, mas podemos encontrar alegria nisso. A alegria é mais do que uma emoção, é um antídoto para o estresse e a ansiedade. Ela ajuda a colocar as frustrações em perspectiva e pode ser um

Capítulo 7

escudo para a nossa alma. Por isso, tê-la em tudo o que fazemos é fundamental para nossa capacidade de andar bem e devagar. Aprendi três lições importantes sobre como ser alegre fazendo isso.

A primeira delas tive em uma conferência, durante um período sombrio de minha vida. Essa escuridão não tinha nada a ver com as pressões da liderança, e sim com o combate ao tráfico de pessoas em geral. Nesse ministério, rotineiramente confrontamos posses demoníacas, maldições satânicas e bruxaria. Na época da conferência, eu havia absorvido muito mal e proporcionado ao Inimigo um ponto de apoio para me influenciar. Como resultado, fiz um voto interior de aceitar a responsabilidade pessoal pela libertação das meninas de nossa organização.

O orador principal da conferência leu Filipenses 4.4, que diz: "Alegrem-se sempre no Senhor; outra vez digo: alegrem-se!". Em nenhum outro exemplo da Bíblia, um mandamento é repetido dessa maneira. A reiteração imediata disso demonstra a importância dessa ordem e como é vital que a obedeçamos.

Permiti que a alegria se tornasse completamente ausente da minha vida. Assim que ouvi a leitura daquele versículo, fiquei uma bagunça de lágrimas e meleca, e me arrependi por estar procedendo daquela forma. Compreendi que aquele versículo se tratava de um mandamento e que, portanto, eu estava vivendo em desobediência. Estar cheio de alegria se tornou um ato de obediência, e não um estado emotivo. Eu sabia que tinha de decidir não mais convidar as trevas para a minha vida, mas fazer um esforço intencional para sempre caminhar em direção à luz.

A segunda lição que aprendi foi a de me tornar cada vez mais consciente da presença do Senhor, na qual há uma alegria constante e eterna (cf. Salmos 16.11). Deus é o ser mais alegre do Universo. Quando você está na presença d'Ele, é absolutamente inevitável não se alegrar. Por que, então, não fazer todos os esforços para estar consistentemente junto a Ele? Na prática, tento tornar a adoração uma prioridade no meu dia. Isso normalmente inclui ouvir louvores pela manhã, meditar na Palavra de Deus com músicas instrumentais ao fundo e, depois, tocá-las também, com meus próprios instrumentos. Dando um passo além, devemos perceber que tudo o que fazemos pode glorificar o Senhor: nosso trabalho, nossas tarefas e até mesmo o exercício da paternidade. A chave é a consagração.

Consagre o seu dia e todas as suas atividades a Deus, todas as manhãs ou em todas as oportunidades que tiver. Faça isso por meio da oração, para ser apresentado como um sacrifício vivo. Aqui está o exemplo de uma oração que você pode fazer, adaptada do Pastor Ed Salas[2]:

---

[2] N. T.: Ed Salas é Pastor na Newsong Church, em Santa Ana (CA), há dezesseis anos.

Capítulo 7

Venho, no nome, poder e autoridade do Senhor Jesus Cristo de Nazaré, apresentar meu corpo, e tudo o que sou, como um sacrifício vivo a ser usado para a Sua glória, Deus (cf. Romanos 12.1). Oro para que o sangue de Cristo santifique meu corpo, mente e emoções, enquanto me dedico completamente ao Senhor (cf. Hebreus 13.12). Oro para que o Seu fogo sagrado queime todas as impurezas em mim (cf. Malaquias 3.3). Espírito Santo, encha-me e ajude-me a viver sob o completo senhorio de Jesus. Apresento meu corpo como um templo para o Espírito Santo, para Sua glória e Seu poder (cf. 1 Coríntios 6.19). Eu O desejo e me dedico ao Senhor, para que possa fluir através de mim. Em nome de Jesus Cristo, eu oro. Amém.

Na Bíblia, a adoração e a consagração precedem o avanço e a vitória (cf. Josué 3.5). A adoração é a nossa preparação. Estarmos prontos para os desafios diários não depende de nosso treinamento, conhecimento ou capacidade. Nas Escrituras, notamos que Deus nem sempre escolheu os capazes, mas, sim, aqueles com um espírito quebrantado e contrito. A consagração e adoração ao Senhor posicionam nossos corações em humildade. Ao nos prepararmos dessa forma, experimentamos a plenitude da presença do Senhor, na qual há alegria constante (cf. Salmos 16.11).

A última lição que aprendi é que a alegria vem de sabermos que a misericórdia de Deus é muito maior do que a nossa. Em muitas ocasiões, orei por romperes divinos em minha vida e na vida de outras pessoas. Às vezes, ficava frustrado por não ver os resultados que esperava, e duvidava da misericórdia do Pai. No entanto, aprendi a não a questionar mais, porque agora sei que ela é proeminente, extravagante e, certamente, maior do que posso perceber com minha frágil mente humana (cf. Efésios 2.4-6). Há um enorme consolo e paz nesse conhecimento, o tipo de paz divina que precede a alegria.

    Se você já duvidou da misericórdia do Senhor, encorajo-o a parar por um momento e confessar isso. Então, declare essa santa misericórdia abundando em sua vida, de acordo com Sua perfeita vontade (cf. Romanos 12.2). Garanto que a alegria encherá sua alma.

CAPÍTULO 08

PARE DE andar preocupado COM OS RESULTADOS

Capítulo 8

NADA A PROVAR

No momento em que escrevo este livro, minha esposa e eu estamos casados há mais de duas décadas. Depois de todo esse tempo, ainda sentimos paixão e profundo amor um pelo outro. Quase não discutimos mais. Provavelmente, posso contar com uma mão quantas vezes o fizemos nos últimos dois anos, mas nem sempre foi assim. No início do nosso casamento, brigamos e discordamos muito, até que descobrimos as chaves para a paz em nosso lar e relacionamento.

A primeira chave é a oração de limpeza espiritual. Costumamos fazê-la ao retornar de certos lugares da Cidade do México — especialmente as zonas de prostituição — ou depois de interagir com pessoas que carregam muitas trevas ou peso. Essas orações nos ajudam a manter a negatividade e as influências demoníacas fora de nossa família e casamento.

Lembro-me de uma tarde em que estava voltando de nosso centro comunitário, que fica em uma região de comércio sexual, e contei piadas grosseiras à minha família. Imediatamente, minha esposa me perguntou: "Você fez uma oração de limpeza?". Eu havia me esquecido totalmente disso, então orei naquele momento, limpando-me de quaisquer influências vulgares, e abençoei minha mente e boca com pureza. Após a oração, o desejo de dizer qualquer coisa fora da linha se dissipou. Foi por meio de experiências como essa que minha família aprendeu a não associar imediatamente o comportamento de alguém à sua essência.

Após sete anos casados, tive a segunda epifania. Ainda discutíamos muito e eu estava ficando cansado daquilo, pois sabia que poderíamos ter um relacionamento melhor. Então, comecei a prestar atenção aos detalhes das nossas brigas: o que foi dito, como me senti, como reagimos e de que forma a discordância aumentou. Com uma descrição profunda e detalhada desses momentos, percebi que a maior parte das nossas discussões, senão todas, vinham do meu desejo de ser visto e conhecido como um bom marido e pai.

A maioria das pessoas anseia por consideração em algum grau. Queremos manter uma imagem positiva em situações sociais, como no trabalho, na igreja e em casa. Isso é especialmente verdade no mundo da *internet*. Atualizamos cuidadosamente nossos perfis virtuais, com as melhores partes dos nossos dias, e podamos tudo o que causa dor ou constrangimento. Alguns de nós chegam a ficar obcecados em como as páginas e postagens estão em relação às de outras pessoas. Ficamos presos em um jogo de comparação sem fim. No final do dia, o que realmente estamos tentando provar a nós mesmos ou aos outros? Queremos que tenham mais consideração por nós conforme o que publicamos? Mas, e se não tivéssemos nada a provar?

Percebi que a grande motivação das minhas discussões com Janice era a minha incapacidade de ser o que eu considerava como um bom marido ou pai.

Capítulo 8

Se alguma coisa dita ou feita desafiasse minha imagem em um desses aspectos, lutava para me defender. Um exemplo disso é que, depois de dias longos no trabalho, eu muitas vezes chegava em casa cansado e me esquecia de fazer coisas simples, como levar o lixo para fora.

Quando minha esposa, então, me perguntava se eu tinha tirado o lixo, eu me sentia ofendido e iniciava uma discussão. Dizia que havia tido um dia exaustivo, e que ela não deveria pensar que eu era uma pessoa preguiçosa. Explicava que eu estava me esforçando para ser um provedor para a nossa família, por isso não queria ser julgado por algo tão sem sentido quanto tirar o lixo. Esse caso exagerado mostra como até mesmo algo pequeno parecia ameaçador para a minha autoimagem. Às vezes, nossas brigas aconteciam por dias ou meses e, no final das contas, o problema era sempre o mesmo: sentia-me ofendido com o que ouvia, por conta da imagem que eu tentava preservar.

Também percebi que conectei essa ideia de mim mesmo diretamente ao quanto me sentia digno de receber amor. Em outras palavras, falhas e rachaduras em minha autopercepção fizeram com que me sentisse indigno de ser amado. É por isso que eu lutava tanto para manter minha imagem. Obviamente, meu valor e o amor que recebo não estão relacionados aos pensamentos que tenho de mim mesmo. Minha esposa me ama e me aceita como sou; não é necessário que eu prove nada para que isso aconteça, porque todo o amor e aceitação que eu poderia querer ou precisar já me foram dados.

Muitos de nós fomos condicionados, quando crianças, a pensar dessa forma. Meus pais ficavam felizes comigo quando eu tirava notas altas na escola, mas se chateavam quando não o fazia. Por isso era difícil entender que, não importava o quão boas ou ruins fossem minhas notas, o amor deles por mim nunca mudava. Somos facilmente sugados para correlacionar diretamente nosso desempenho à nossa aceitação. Se entendêssemos que já somos amados e aceitos, o que mudaria para nós?

Quando parei de me preocupar em manter minha imagem de bom pai e marido, um fardo pesado caiu de meus ombros. A mudança não aconteceu da noite para o dia; o processo de aprender a viver de acordo com a verdade foi gradual. Assim como podemos desenvolver atrofia muscular após uma lesão, também é possível termos atrofia emocional ao acreditarmos em mentiras que distorcem nossa autoimagem. Precisei repetir constantemente para mim mesmo que eu era amado e, de repente, as razões que tinha para brigar e discutir com minha esposa pareciam mesquinhas e sem sentido. Passei a me esforçar mais para construir algo bonito, ao invés de tentar provar que era bom o suficiente para ser amado, criando falsas expectativas a respeito da minha identidade.

Assim como podemos desenvolver atrofia muscular após uma lesão, também é possível termos atrofia emocional ao acreditarmos em mentiras que distorcem nossa autoimagem.

Outro avanço pessoal aconteceu quando fui capaz de levar o conceito de "nada a provar" para o

Capítulo 8

nosso ministério. E se eu não tivesse que provar nada no trabalho ou no meu serviço a Deus? E se a única afirmação em que confiasse ou baseasse minha vida fosse a simples verdade de que Ele me ama? O sucesso e as realizações seriam subprodutos de um relacionamento íntimo com o Senhor, e não seu intuito. O objetivo de construir um ministério grande e bem-sucedido perderia seu entusiasmo e glamour, e o foco não estaria mais no que posso alcançar, mas em quem posso me tornar.

CHAMADOS PARA AMAR PESSOAS, NÃO PARA MUDÁ-LAS

Somos chamados para amar as pessoas como Deus as ama, e não para mudá-las (cf. João 15.12). Esse não é o nosso trabalho, e sim do Espírito Santo, que leva convicção a respeito do que for necessário sem precisar de nós para convencer alguém de seus pecados (cf. João 16.8). Ele nos santifica, para nos tornar mais semelhantes a Jesus, mas não é nossa responsabilidade transformar as pessoas conforme queremos que elas sejam. Quando tentamos fazer o trabalho de Deus na vida de alguém, é improvável que isso dê certo. Não sei você, mas eu certamente não quero ficar no meio do caminho d'Ele, atrapalhando esse processo.

Muitos de nós, erroneamente, gastamos uma quantidade enorme de energia mal direcionada tentando gerar mudanças em nossos irmãos. Fazemos isso quando queremos ver alguém que amamos, como um membro de

MILAGRE em MEIO à DOR

Quando tentamos fazer o trabalho de Deus na vida de alguém, é improvável que isso dê certo. nossa família ou amigo, superar lutas como o vício ou a depressão. Nós os vemos batalhando e sentimos um desejo sincero de que se encontrem em uma situação melhor, mas não devemos confundir nossas mais puras intenções com a vontade de Deus para suas vidas. Se fôssemos colocar nossa disposição e o poder transformador do Senhor em uma escala, para ver o que beneficia mais as pessoas, notaríamos que os dois sequer podem ser comparados. E se investíssemos mais nossa energia em amar, para que todos experimentem o abraço do Pai?

Às vezes, tentamos forçar mudanças para uma organização, igreja ou comunidade, ou qualquer lugar onde desejemos ver transformação social. Esses esforços são baseados em uma mentalidade de protagonista. O perigo aqui é sutil, mas evidenciado por nossas percepções e crenças. Em suma, nossa armadilha é o orgulho. Quando olhamos para certos problemas em uma instituição ou sociedade, muitas vezes temos ideias de como resolvê-los. Isso pode ser útil e muito bom, mas o erro surge quando pensamos que "sabemos mais".

"Saber mais" e tornar algo melhor são coisas diferentes. "Saber mais" é acreditar que suas ideias, percepções e crenças são superiores às das outras pessoas naquele ambiente. Às vezes, isso envolve até mesmo a insistência para que suas sugestões sejam levadas adiante, além da clara exibição de um comportamento dominante. Não somos chamados para impor nossas

Capítulo 8

ideias e controlar os outros, mas para servir, seguindo o exemplo de Jesus e lavando os pés dos nossos irmãos (cf. João 13.1-20).

Tornar as coisas melhores significa estar disposto a servir os demais com humildade e sacrifício. A partir dessa posição, com uma toalha enrolada na cintura, sabão e água nas mãos[1], podemos sentar-nos uns com os outros e encontrar soluções para os problemas. A palavra-chave aqui é "com". O que devemos evitar é a tentativa de desenvolver soluções **para** alguém. Trabalhar **com** outras pessoas implica envolver nossa comunidade e estar disposto a resolver as diferenças em prol de um objetivo comum. Esse caminho não é o mais rápido, mas é muito melhor. Quando bem feito é, também, mais sustentável.

PARE DE ANDAR PREOCUPADO COM OS RESULTADOS

Por muitos anos, gastei uma enorme quantidade de energia emocional, em busca de resultados que validassem meu valor como líder. Quando aprendi que realmente não tinha nada a provar, compreendendo que a verdadeira transformação está nas mãos de Deus, parei de ser movido pelos frutos. Os resultados não são de minha responsabilidade, mas d'Ele. Amar bem as pessoas, ser bom como filho de Deus e me manter disciplinado no

---

[1] N. E.: Referência à narrativa bíblica em que Jesus lava os pés de seus discípulos, ensinando sobre humildade, comunhão e serviço (cf. João 13.1-20).

desenvolvimento de um caráter semelhante ao de Cristo são minhas responsabilidades. Meu foco está firmemente colocado nesses esforços, e está claro para mim que não devo andar preocupado com meus resultados. Chegar a esse ponto não é como desligar um interruptor de luz. Para mim, envolveu um processo e lições importantes que compartilharei agora.

A preocupação vem em diferentes formas e cores e, aqui, não me refiro àquela que é carregada de ansiedade, mas a uma que parece profunda, ainda que não consuma todas as horas do dia. Em essência, podemos até acreditar que se trata de algo positivo, como se fosse uma "preocupação responsável". No entanto, não somos chamados a fazer isso. À medida que nosso ministério crescia, eu me inquietava por não estarmos levantando fundos suficientes para cumprir o orçamento projetado. Fomos diligentes em encontrar e manter doadores, administramos nossos recursos com prudência, não fizemos abordagens aleatórias para arrecadação de dinheiro e não gastamos descuidadamente. Apesar de tudo isso, muitas vezes tínhamos apenas um mês de financiamento em nossa conta bancária. Parecia o momento perfeito para justificar a preocupação com os resultados, que nesse caso eram as doações que poderíamos levantar em determinado período.

Em vez disso, decidimos, conscientemente, não nos preocupar com as finanças. Colocamos toda a nossa confiança na fidelidade de Deus e em Sua provisão. Assim, focamos nossas energias em trabalhar no resgate

Capítulo 8

e na restauração de vítimas do tráfico de pessoas. Essas foram atitudes intencionais e proativas que tivemos de tomar. Sabíamos que, se fizéssemos nossa parte em descansar no Senhor, Ele nos mostraria Sua fidelidade. Hoje, testemunhamos que, mais de dez anos depois, mesmo com altos e baixos financeiros, nunca deixamos de pagar ou atrasamos qualquer uma de nossas contas.

Existe um lado traiçoeiro em ser obcecado por resultados. Nossa competitividade pode nos levar a uma fixação cega por frutos e igualar resultados excepcionais com sucesso. De forma tortuosa, justificamos nosso impulso para o êxito dizendo que o trabalho glorifica a Deus, mas o Senhor nunca nos chamou para viver dessa maneira. Creio que Ele fique mais satisfeito quando servimos de uma forma que contribui para a conquista dos outros. Imagine se medíssemos o quanto somos bem-sucedidos pelo tanto que as pessoas ao nosso redor o são.

Poderíamos acabar com a competitividade se concentrássemos nossas energias na elevação de nossos irmãos e irmãs em Cristo, em vez de focarmos em nossas realizações e elogios pessoais. Isso não significa que cristãos ou ministérios de sucesso não existirão. Pelo contrário, acredito que Deus abençoa extravagantemente aqueles que são fiéis e contritos de espírito, mas é importante considerar o modo como alcançamos nossos objetivos e posicionamos nossos corações ao longo do caminho.

Há outra razão pela qual devemos ter cuidado com a obsessão por resultados: eles, ou seus dados mensuráveis a respeito de uma atividade, nem sempre equivalem à transformação. Considere, por exemplo, que os frutos em questão são a quantidade de pessoas que participaram de um evento, ou as visualizações de uma postagem *on-line*. Não podemos nos apaixonar por esses números e supor que estamos causando um impacto significativo, porque nem sempre é o caso. Muitos líderes perdem o rumo ao anunciarem seus resultados como sendo uma mudança real.

Transformações sustentáveis e duradouras não vêm apenas de altas taxas de participação em conferências. Não devemos desconsiderar o valor disso, mas medi-lo. Precisamos de ações deliberadas para avançar do estágio de influência de curto prazo, orientado por resultados. Só assim poderemos ir em direção ao patamar efetivo de mudança, o qual traz um impacto de longo prazo.

Esse último se dá quando existe uma transformação nos comportamentos, nas atitudes ou no conhecimento das pessoas, e se inicia a partir das experiências que acontecem no primeiro estágio. Por exemplo: vamos imaginar que você está realizando uma campanha de higiene comunitária. Parte dela é ensinar a lavar as mãos corretamente. O resultado é o número de indivíduos orientados. O patamar efetivo ocorre quando eles, de fato, fazem isso sozinhos. Você sabe que atingiu esse nível quando, depois de algum tempo, retorna à comunidade e observa que a lavagem das mãos foi integrada à rotina. Além disso, pode realizar entrevistas,

Capítulo 8

perguntando como se sentem sobre esse novo hábito e se acham que ele está contribuindo para interromper o contágio de doenças transmissíveis.

O estágio de impacto é de longo prazo e é nele que a transformação sustentável e duradoura se estabelece. No entanto, para que isso aconteça, é necessário uma transição da mudança individual para a comunitária, o que pode ser observado por meio de uma alteração nas condições do grupo. Após a campanha de higienização das mãos, por exemplo, você pode contabilizar as vezes em que doenças transmissíveis foram contraídas na comunidade e o quanto a higiene pessoal das pessoas melhorou ao longo de alguns anos para, então, deduzir se as condições gerais de saúde foram impactadas.

Usar uma estrutura lógica para entender a dinâmica da mudança é fundamental para os líderes que desejam viver isso em suas organizações. Pode parecer muito difícil tentar uma abordagem de longo prazo, mas essa é uma boa administração do conhecimento e dos recursos que temos. Em última análise, a transformação está nas mãos do Senhor. Reinos são construídos com autoridade, infraestrutura e sistemas. Como líderes, temos o compromisso de cooperar para que o Reino de Deus seja estabelecido na Terra assim como no Céu.

Portanto, para que o Evangelho avance, precisamos nos comprometer com a construção de infraestrutura e sistemas. Se já formamos ministérios e igrejas bem-sucedidas, devemos agora desenvolver a base necessária para uma modificação duradoura em nossa sociedade.

HÁ APENAS UM RESGATADOR

Para ver a mudança na vida das pessoas a quem você ama, lembre-se de que há apenas um Resgatador, e Seu nome é Jesus. Apesar de nossas boas intenções de tirar os outros de situações perigosas ou difíceis, causamos problemas quando tentamos, nós mesmos, resgatá--los. Não há nada de errado com atos de graça, misericórdia e bondade, mas devemos ter cuidado para não assumir o lugar de Cristo. Fazer isso nos insere em um triângulo dramático, no qual existem três papéis: a vítima, o agressor e o resgatador. O agressor causa danos à vítima, e ela procura ajuda para livrar-se de suas garras.

Em um triângulo dramático, a vítima, muitas vezes, coloca pressão emocional sobre o resgatador e o manipula para que ele aja de modo irracional. Por conta disso, as posições podem ser trocadas: aquele que antes tinha o intuito de ajudar, repentinamente, torna-se uma vítima, e a vítima inicial, um agressor. Muitos de nós já experimentamos isso ao tentar socorrer alguém que nos manipula, fazendo-nos pensar que somos os únicos responsáveis por seu bem--estar. É possível que essas pessoas cheguem a nos cuspir acusações, ou a assumir comportamentos destrutivos para obter mais atenção. É quase como ser pego na armadilha emocional de alguém.

Capítulo 8

TRIÂNGULO DRAMÁTICO

Muitos não precisam sequer ser manipulados, pois assumem a responsabilidade pelos outros por conta própria. Em ambos os casos, o resgatador se submete a um triângulo dramático e a uma troca de papéis contínua, até que eles se retirem desse triângulo.

O princípio-chave que aprendi ajudando pessoas ao longo dos anos é lembrar-me de que só existe um Resgatador: Jesus. Devo, continuamente, entregar as pessoas que ajudo a Ele em espírito de oração, e apontá-las para o Seu amor à medida que puder. Também desenvolvi discernimento e posso identificar rapidamente quando alguém está tentando me manipular e sugar para um triângulo dramático. Os sinais de alerta são frases como: "Você nunca está ao meu lado quando preciso" ou "Você realmente não se importa comigo". O desafio é ser diligente em seu discernimento, mas constante em sua compaixão e misericórdia, de modo a não se tornar endurecido para as necessidades dos outros. Infelizmente, tenho visto pessoas serem cínicas ao ouvirem sobre a situação de outras. Lembre-se de que o seu coração deve permanecer macio, mas a sua mente, afiada.

    Se você sentiu os fardos de outros e caiu em um ou mais triângulos dramáticos, eu o encorajo a parar por um momento e entregar essas pessoas e suas dificuldades a Deus. Libere todos os fardos emocionais que você carrega. Proclame que Jesus é o Resgatador, e não você. Ore pedindo por sabedoria para servir a essas pessoas, para que elas reconheçam a Cristo como seu único Salvador. Ore para que você seja capaz de perseverar sendo compassivo, assim como Ele, para com os quebrantados e perdidos. Em suas próximas interações, comprometa-se a estar atento a sinais de alerta, enquanto mantém um coração terno.

    Por fim, enquanto refletimos sobre sermos chamados para amar e não para mudar as pessoas, eu o desafio com esta pergunta: você acredita que o amor de Deus pode transformar alguém? Se sua resposta for "sim", então eu o encorajo a não ser consumido pelos processos alheios. Se você estiver completamente confiante no poder do amor do Pai para mudar corações, comprometa-se a essa confiança. Uma vez que você sabe que essa é a solução efetiva, não tente consertá-la. É uma jornada de fé, mas você está a depositando em Alguém que tem uma taxa de sucesso garantida de 100%.

CAPÍTULO 09

UM crescimento ALÉM da MEDIDA

Capítulo 9

É ASSIM QUE QUERO VIVER DAQUI EM DIANTE

Um dia, ao ler a biografia de George Müller[1], pioneiro de fé e oração, deparei-me com uma história que me tocou profundamente. Era sobre quando o orfanato dirigido por ele tinha centenas de órfãos, mas nenhum dinheiro ou comida. Com fé, Müller lhes pediu que se sentassem às mesas, com pratos vazios à frente, e fez uma oração de agradecimento pelo alimento que estavam prestes a receber. Quando li isso, pensei: "Que fé maluca! Eu provavelmente estaria pirando e tentando encontrar uma maneira de conseguir comida antes de orar". A fé desse homem me desafiou a pensar se eu realmente acreditava em um Deus que provê, é oportuno e nunca falha conosco.

A história de Müller é sobre um dos incríveis milagres de provisão divina. Assim que todos disseram "amém", alguém bateu na porta. Era uma pessoa com alimento suficiente para todas as crianças. Esse é um testemunho maravilhoso de como Deus cuida dos necessitados de forma oportuna.

---

[1] N. E.: Nascido no ano de 1805 na Prússia (atual Alemanha), George Müller foi pastor, missionário e filantropo. Seu ministério foi marcado pela fundação de orfanatos que forneciam alimentação e educação contando apenas com a provisão divina. Para mais informações sobre sua vida e obra, confira sua autobiografia: MÜLLER, George. **A narrative of some of the Lord's dealing with George Müller.** London: James Nisbet & Co., 1860.

Ao me deparar com essas páginas, comecei a chorar e disse em meu coração: "Pai, quero viver minha vida dessa maneira. Quero ter uma fé como a de George Müller e ver Seus milagres". Sabemos que essa é uma reação comum depois de ler ou ouvir testemunhos de grandes maravilhas. Desejamos experimentá-las em primeira mão e testemunhar pessoalmente, de perto, o poder e a glória do Senhor. Afinal, a vida é muito mais do que a monótona rotina de trabalho, ou os deveres dominicais da igreja. Conhecemos as histórias de milagres da Bíblia e ouvimos pessoas contarem como Deus também os realizou em suas vidas.

Por anos, ansiei pelo sobrenatural. Almejava ser uma testemunha em primeira mão dos feitos divinos, e me sentia pronto para ficar maravilhado com o que Deus faria por meio do nosso ministério. Acreditava que minhas intenções eram nobres, mas o meu esforço não levou minhas experiências a uma mudança dramática. Fiquei confuso, porque pensei que meus desejos estavam de acordo com aqueles que o Senhor tinha para mim.

Queria fazer coisas grandiosas para Ele assim como muitas outras pessoas. E, sinceramente, essa não parecia uma má ideia — até perceber que isso me tornaria o protagonista da história. Afinal, eu estaria fazendo coisas incríveis. A autopromoção pode ser sutil, traiçoeira e enganosa. Foi o que aconteceu quando pensei que, se quisesse alcançar grandes objetivos para Deus, Ele receberia a glória por meio do que fiz por Seu Reino.

Capítulo 9

Essa percepção me convenceu profundamente, e decidi mudar minhas orações para: "Quero fazer coisas para um grandioso Deus". Mover a palavra "grandioso" tirou a ênfase de mim, porque esse atributo pertence apenas a Ele. Talvez você também precise mudar seus pensamentos e orações. Pode parecer insignificante no início, mas os resultados são surpreendentes. Para mim, um dos primeiros frutos foi a provisão milagrosa do Senhor em nosso lar de pós-tratamento.

UM PRESENTE QUE CONTINUOU A SER DADO

Depois de alguns anos estabelecendo a casa de refúgio para sobreviventes do tráfico de pessoas, lutávamos por condições que atendessem a todas as necessidades de nossas beneficiárias. Ainda não tínhamos um orçamento anual que seguia um plano estratégico. Estávamos apenas tentando servir com o melhor de nossas habilidades, dando generosamente, sem levar em consideração nossa estabilidade financeira. O bem-estar das meninas era prioridade, e tínhamos fé que, de alguma forma, Deus supriria todas as nossas necessidades.

Certo dia, um membro da nossa igreja nos contou sobre um homem que estava esvaziando um depósito, pois precisava abrir espaço para novos carregamentos. Ele perguntou se estaríamos interessados em receber uma doação de alimentos, roupas e outros itens diversos. Dissemos que ficaríamos gratos por isso.

MILAGRE em MEIO à DOR

    O homem colocou dois de seus funcionários para encher um caminhão de mudança com a doação, e eles chegaram à nossa casa de refúgio por volta das cinco horas da tarde. Chamei voluntários para ajudarem a descarregar o veículo e cerca de cinco homens jovens apareceram. Também entramos em contato com duas outras organizações sem fins lucrativos que precisavam de ajuda. Empolgados, eles chegaram logo após o caminhão de mudança, com suas vans, para recolherem parte dos suprimentos.

    Enchemos as vans e continuamos a levar itens para a casa. Conseguimos comida, materiais de escritório, produtos de higiene pessoal e uma variedade de bugigangas. Era tudo de que precisávamos. E mais importante ainda: a doação incluía biscoitos, chocolate, doces e batatas fritas, que não eram uma prioridade, mas estavam definitivamente na lista de alimentos desejados de nossas beneficiárias.

    Horas se passaram, e começou a escurecer lá fora. Os dois funcionários do depósito ficaram perplexos. Eles não conseguiam entender por que estava demorando tanto para descarregar os caminhões, já que o haviam enchido em apenas duas horas. (Normalmente, leva-se mais tempo para carregar um caminhão do que para descarregá-lo, como muitos de nós já experimentamos quando nos mudamos para uma casa nova). Eles também não sabiam explicar de onde vinha todo o material; parecia-lhes que havia mais coisas saindo do caminhão do que originalmente. Esse processo durou

Capítulo 9

até quase meia-noite. Todos nós estávamos tão ocupados tentando terminar, que não percebemos o milagre que estava acontecendo diante dos nossos olhos. Uma doação que demandou duas horas para ser carregada, levou mais de seis horas para ser descarregada. Mesmo depois de encher duas outras vans, nossa casa de refúgio estava tão cheia de coisas, que era difícil encontrar espaço para andar.

UMA MUDANÇA DE MENTALIDADE E EXPECTATIVAS

Essa experiência de provisão abundante e multiplicação milagrosa me instigou a repensar completamente minhas expectativas pessoais sobre o que Deus pode fazer. Achei interessante o fato de que não impusemos nossas mãos sobre o caminhão de mudança, pedindo ao Senhor para multiplicar a carga, nem mesmo imploramos por provisões antes de receber o telefonema sobre uma doação. Contudo, Deus nos deu até mais do que precisávamos, presenteando as meninas com algumas guloseimas, e isso foi como uma cereja em cima de um lindo *sundae* de sorvete.

Ao refletir sobre o que aconteceu, lembrei-me da minha oração, quando disse que queria viver como George Müller, ter a mesma fé que ele e testemunhar uma provisão milagrosa e abundante. Esse estava se tornando o meu estilo de vida. Embora eu nunca quisesse chegar ao ponto de não saber como veríamos a provisão de

Deus, essa experiência aumentou minha confiança n'Ele, levando-me a saber que todo suprimento realmente vem de nosso Pai Celestial.

Ainda assim, quando eu não via uma maneira tangível de atender às nossas necessidades, muitas vezes, ficava estressado e a ansiedade dominava meus pensamentos. Frequentemente, ocupava-me contatando doadores, ou publicando *on-line* aquilo de que precisávamos, solicitando doações em dinheiro. Sempre pensei que tinha de fazer as coisas acontecerem para que nossa organização avançasse e, no fundo, acreditava que minhas ações eram mais importantes que as de Deus. Também achei que minhas preocupações estavam sendo ignoradas, e meu envolvimento emocional substituiu minha completa e total dependência de um milagre. Estava começando a desenvolver o estilo de vida de fé radical de George Müller, mas ainda me sentia claramente desconfortável e preso à minha velha mentalidade de me esforçar para merecer coisas.

No entanto, o testemunho da primeira provisão moldou profundamente meu entendimento do relacionamento divino com nosso Pai Celestial. Comecei a ver o *status* especial que todos nós temos como filhas e filhos de um Pai amoroso e atencioso. Ver a mim mesmo dessa forma quebrou alguns paradigmas em relação à maneira como me via antes: um servo que trabalha arduamente no ministério.

A provisão divina envolve sua identidade igualmente divina. Quando vejo a mim mesmo e a

Capítulo 9

todos que amo sendo amados por um Pai ultrajantemente generoso, prostro-me em humilde e eterna gratidão. Permitir-se é um ato de entrega total, em que o esforço cessa e nos deixamos ser amados integralmente. Temos de abandonar tudo a que estivermos nos agarrando, tudo o que nos traz segurança, e nos permitir cair nos braços abertos de Deus. Render-se nem sempre é fácil, mas Seu colo é, definitivamente, um lugar tranquilo de se estar.

A provisão divina envolve sua identidade igualmente divina.

O milagre também desafiou minhas expectativas. Para mudá-las, não bastou ir além de meus esforços carnais de arrecadação de fundos, entregando ao Senhor minha autodependência. Tive ainda de modificar o que esperava que Ele fizesse por mim. Ainda acredito que Deus responde nossas petições e dá direcionamentos específicos a orações específicas. No entanto, meus pedidos ainda são limitados ao que acredito que Ele pode ou pretende fazer por mim.

As expectativas, muitas vezes, representam uma visão superficial das incalculáveis bênçãos dentro do armazém do Senhor. Se orarmos com uma mentalidade limitada, faremos pedidos finitos a um Deus infinito. Contudo, se superarmos nossas expectativas, então tudo será possível, e nossas orações serão apresentadas conforme o nosso pensamento. Esse processo começa com a transformação das nossas mentes (cf. Romanos 12.2). Primeiro, devemos abandonar nossas pressuposições do que o Pai pode fazer por nós. Depois, precisamos entender que todas as coisas são possíveis (cf. Marcos 9.23) e todos os lugares são acessíveis. Saber disso, porém, não é somente nos convencermos dessa realidade ou admitirmos essa possibilidade. Saber é saber.

Nas narrativas dos evangelhos, Jesus se referiu à fé de algumas pessoas como "pequena" (cf. Mateus 6.30). Ele criticou o que elas acreditavam estar na gama de possibilidades de Deus. Todos nós desejamos ir muito além disso, e a Bíblia nos ensina como. O capítulo 10 de Romanos explica sobre a fé proveniente de ouvir as Boas Novas de Cristo (cf. v. 17). Isso porque o Evangelho nos ensina acerca de quem é Jesus e quem nós somos n'Ele. A fé está intrinsecamente ligada à nossa identidade no Senhor, o que significa que ela aumenta à medida que nos reconhecemos como filhos de Deus.

Do mesmo modo, a fé também está relacionada à nossa comunidade. Portanto, ela cresce no contexto de comunhão e floresce no solo fértil de um círculo social amoroso e encorajador. Quando nos mantemos isolados ao passarmos por lutas pessoais, enfrentamos dificuldades para desenvolver essa fé e, às vezes, ela atrofia. Por essa razão, o Inimigo trabalha duro para nos distanciar das pessoas. Nós nos afastamos por muitos motivos, incluindo ofensa, falta de perdão e desilusão. Para amadurecermos nesse quesito, não devemos apenas ampliar nossa compreensão e prática de sermos filhos de Deus, mas também permanecer conectados àqueles que estão centrados em Cristo.

Capítulo 9

Um dos principais atributos de uma comunidade com essas características é a compaixão. Ela cria uma atmosfera praticamente perfeita para sinais e maravilhas, além de oferecer uma condição mais ideal para os milagres do que qualquer conferência ou reunião por si só. Temos incontáveis testemunhos de como Deus aumentou extraordinariamente os recursos quando estávamos servindo aos outros. Houve um tempo em que eu acreditava que a provisão abundante só era catalisada por extrema necessidade, mas minhas experiências me levaram a acreditar que a compaixão é o que, de fato, fornece o contexto ideal para a provisão abundante.

Minhas petições se tornaram menos focadas no que precisávamos como família ou ministério e mais em como poderíamos abençoar e servir às pessoas. Comecei a ver o egoísmo em orar por aumento quando era para ganho pessoal ou para nosso ministério, mesmo sabendo que seríamos bons administradores desses recursos.

E se eu apenas orasse para que outros fossem abençoados? Deus escolheria quem desejasse para esse propósito. Eu me examinei e questionei se as motivações do meu coração eram realmente genuínas ao desejar ver meus irmãos sendo abençoados, ou se eu queria ser reconhecido por homens como aquele que sempre abençoa. Assim, em vez de orar: "Use-me, Senhor, para abençoar os outros", passei a dizer: "Senhor, abençoe os necessitados". Orações como esta última são verdadeiros exemplos de corações focados na compaixão e nas bênçãos de Deus.

A ABUNDÂNCIA VEM ATRAVÉS DA GENEROSIDADE

Ao longo da história, os cristãos frequentemente olharam para trás, para a primeira comunidade (sobre a qual se lê no capítulo 2 de Atos), esperando seguir seu modelo. A primeira igreja é vista como um exemplo perfeito. Eles continuamente se reuniam para se dedicarem à oração e ao ensino dos discípulos, compartilhavam seus bens e serviam aos necessitados. Deus os multiplicava diariamente (cf. vs. 42-47).

Entre tudo o que fez funcionar essa comunidade de fé, uma chave se destaca para mim: os primeiros cristãos foram generosos no coração e nas ações. A generosidade expressa pela ausência de discriminação os levou a uma abundância de graça e crescimento. Os ricos não questionavam por que deveriam dividir suas posses com os pobres; não havia exclusão por classe social e ninguém ali passava necessidade. Imagine como seria se uma comunidade da igreja hoje fosse tão generosa a ponto de não haver sinal de carência entre seus membros.

A abundância proveniente da generosidade destranca o armazém do Céu, permitindo que nossas botijas transbordem (cf. 2 Reis 4.1-7). Muitas vezes, as pessoas esperam prosperar antes de serem generosas, mas observamos nas Escrituras que Deus recompensa aqueles que dão com alegria, mesmo

> **A generosidade expressa pela ausência de discriminação os levou a uma abundância de graça e crescimento.**

Capítulo 9

quando não estão em condições (cf. 2 Coríntios 9.7). Ser generoso nem sempre significa dar um presente em dinheiro. Assim como os cristãos primitivos, podemos fazer isso de coração por meio das nossas ações e do nosso tempo, agindo sempre em graça e compreensão para com os outros. Além disso, embora seja desafiador, temos oportunidades de sermos generosos em nosso perdão.

 Se você tem lutado para ver mais da provisão miraculosa de Deus em sua vida, lembre-se de, primeiramente, buscar o Provedor. Em segundo lugar, eu o encorajo a encontrar maneiras de ser generoso com os demais, no coração e nas ações. À medida que caminha nessa direção, o foco se afasta das suas necessidades e se volta para o seu próximo. Por último, seja proativo em seus atos de misericórdia. A grande maioria dos milagres de Jesus aconteceu quando Ele foi movido pela compaixão, devido às doenças ou circunstâncias das pessoas. Conforme você reflete sobre o coração de Deus para com os outros, seu ambiente será preparado para ver um crescimento além da medida.

CAPÍTULO 10

CURA
restauradora

Capítulo 10

UMA RESTAURAÇÃO MILAGROSA

Um dia, recebemos em nossa casa de refúgio duas meninas que haviam sido exploradas por policiais corruptos. Foi triste e enraivecedor ouvir como elas foram estupradas e forçadas a se prostituírem. A injustiça fez meu sangue ferver. Como alguém poderia abusar de sua autoridade dessa forma, apostando na impunidade por causa de seu distintivo? Essa é uma das muitas histórias que encontramos, em que os fortes tiram vantagem dos fracos.

Para piorar a situação, depois que fizemos os exames ginecológicos de rotina, pelos quais todas as nossas beneficiárias passam, soubemos que os danos ao órgão reprodutor de uma das meninas foram tão graves, que recomendaram uma cirurgia de reconstrução. Quando ouvi isso, a notícia me atingiu como uma bomba. Que tipo de pessoa permitiria tal abuso? Ouvir sobre situações como essa, repetidamente, pode ser revoltante, mas estou convencido de que, para cada uma delas, sempre há uma história divina, de redenção e restauração, a ser contada.

Além das terapias psicológicas, nossas beneficiárias sempre têm a oportunidade de participar, voluntariamente, de momentos proféticos de cura interior com minha esposa, Janice. Observamos grandes avanços com essas sessões. As pessoas, geralmente, são restauradas de suas dores profundas, tanto do passado como do presente. Não é difícil imaginar que a jovem que precisava de uma cirurgia reconstrutiva estava perturbada com o diagnóstico e a perda da inocência, e foi por isso que ela participou de uma dessas sessões. Ela estava particularmente preocupada com o fato de não ser mais virgem. Minha esposa a conduziu por meio de uma oração de cura, e ela foi capaz de se imaginar pura e vestida de branco. Visualizações como essa removem as mentiras do Inimigo de nossas vidas, permitindo que nos enxerguemos do mesmo modo que Deus nos enxerga.

Algumas semanas depois, em uma consulta de acompanhamento ginecológico, a médica nos informou que não viu mais nenhuma evidência de dano físico aos órgãos reprodutores daquela moça. Ela disse então que, em sua opinião profissional, pelo exame, a paciente parecia virgem. Ou seja, Deus não apenas a curou, mas também a restaurou completamente. Ela não precisava mais de cirurgia. Todos nós ficamos maravilhados com o milagre do Senhor em sua vida. Ele pegou todo o luto, por conta do que havia sido rompido, e o transformou em alegria (cf. Salmos 30.11)!

RESTAURAÇÃO E PROPÓSITO

Restaurar uma obra de arte significa fazê-la retornar à sua antiga glória, a fim de que as pessoas possam admirar a obra original do artista. Esse processo leva meses ou anos de trabalho meticuloso e atenção a todos

Capítulo 10

os detalhes intrincados da peça[1]. Ainda assim, tudo isso parece empalidecer, se comparado ao que Deus pode e deseja fazer em nós. Do mesmo modo que Ele formou nosso corpo enquanto estávamos no ventre de nossa mãe, o Criador também tinha intenções e propósitos específicos para a nossa vida desde antes de nascermos (cf. Salmos 139.13-16). Mencionei esse conceito em um capítulo anterior, chamando-o de "*design* original".

A obra de Deus em nós permite-nos retratar Sua glória da maneira que Ele planejou desde o início. As qualidades e cores que fazem parte de quem realmente somos podem ter sido obscurecidas pela dor do passado. Assim como no testemunho que acabamos de ler, talvez partes de nós tenham sido danificadas ou roubadas, impedindo-nos de expressar totalmente quem éramos destinados a ser. Deus quer nos levar de volta ao nosso *design* original.

À medida que isso acontece, nossas histórias devem ser contadas. Afinal, uma obra-prima recuperada não é mantida escondida em um armário, mas exibida em um museu, para ser vista e admirada. Isso nos faz compreender que a restauração de Deus deve servir a um propósito, e que parte dele é demonstrar Seu poder e glória ao mundo. Compartilhar nossas experiências é uma maneira poderosa de comunicar como Cristo

---

[1] N. E.: CASTRO, Aloísio Arnaldo Nunes de. **Do restaurador de quadros ao conservador restaurador de bens culturais.** Tese (Pós-graduação em Artes) – Escola de Belas Artes, Universidade Federal de Minas Gerais, Belo Horizonte, 2013.

A obra de Deus em nós permite-nos retratar Sua glória da maneira que Ele planejou desde o início. nos resgatou. Sei que talvez seja necessário ter muita transparência para expor partes dolorosas da nossa vida. Escrever este livro, por exemplo, é uma forma de transmitir aos outros o que eu vivi, e espero que ele o incentive a fazer o mesmo.

Seu testemunho pode encorajar outras pessoas. Sempre que tenho a oportunidade de compartilhar sobre como Deus transformou minha dor em uma plataforma para Sua glória, o faço e, assim, acabo incentivando os demais. Isso não precisa ser algo dramático, mas deve ser honesto e sincero. Ao repartir suas experiências, você nunca estará competindo com os outros, porque é único e especial. Cada relato de vida é uma contribuição importante para a grande história da obra redentora de Deus na Terra.

ORE POR UMA BÊNÇÃO

O final de Gênesis 32 conta o episódio de Jacó lutando com Deus. Isso aconteceu durante a noite, e ele não O soltou até receber uma bênção. Por fim, o filho de Isaque acabou ganhando um novo nome, Israel, e sendo abençoado pelo Senhor. É notável que ele contendeu implacavelmente até que fosse atendido.

Só depois de saber que poderia pedir uma bênção para minha vida, fui capaz de compreender realmente o coração de Deus. Antes, eu acreditava ser possível

Capítulo 10

interceder pelos outros, mas achava que orar por mim mesmo seria egoísta ou egocêntrico. No entanto, aprendi que o desejo do coração do Pai é abençoar ricamente Seus filhos. Sendo assim, faz sentido clamar por uma bênção pessoal.

A maioria de nós se sente mais confortável orando para que o Senhor abençoe os outros, pois sabemos que devemos ser generosos e defender o sucesso das pessoas. Pedir por uma dádiva individual pode parecer estranho e ambicioso demais, mas nosso Pai Celestial deseja nos dar presentes e bênçãos.

> *Respondam: Se seu filho lhe pedir pão, você lhe dará uma pedra? Ou, se pedir um peixe, você lhe dará uma cobra? Portanto, se vocês, que são maus, sabem dar bons presentes a seus filhos, quanto mais seu Pai, que está no céu, dará bons presentes aos que lhe pedirem!* (Mateus 7.9-11 – NVT)

Se você tem dificuldade em fazer isso, lembre-se de quem seu Pai Celestial é. Considere a passagem de Tiago 4.2, em que está escrito:

> *Vocês cobiçam e nada têm; matam e sentem inveja, mas nada podem obter; vivem a lutar e a fazer guerras. Nada têm, porque não pedem.*

Esse é um convite aberto para que apresentemos nossas petições ao Senhor. Ouço, muitas vezes, que somos abençoados para sermos bênção, e acredito nisso. No entanto, isso também ocorre para testificarmos ao mundo que nosso Deus é o Senhor do Universo, e que Ele cuida de nós pessoalmente. Saber que sou abençoado porque sou Seu filho mudou minha vida de forma significativa e restaurou meu coração, removendo minha mentalidade de órfão.

Quando compreendemos o contexto da nossa filiação, as bênçãos ganham um significado mais profundo. Elas não são apenas para nosso bem-estar e boa sorte, mas também um testemunho de nossa adoção divina na família de Deus, provando ao mundo que recebemos a herança do Céu (cf. Romanos 8.15-17). Na história de cura, relatada no início deste capítulo, por exemplo, a visão da jovem sobre si mesma, como pura e vestida de branco, era um reflexo de como ela era vista no Céu. Ela foi capaz de se ver como o Senhor a enxerga. As bênçãos, milagres e curas que experimentamos aqui na Terra estão diretamente ligadas à nossa identidade celestial.

Em nosso tempo de trabalho no ministério, houve um momento em que eu sabia que só chegaríamos ao nosso próximo estágio de avanço se eu manifestasse totalmente minha herança espiritual. Do lado do meu pai, existia uma longa linhagem de pastores e evangelistas. Na verdade, meus ancestrais haviam sido líderes na primeira igreja cristã implantada na região em que eles habitavam, na Coreia, após a chegada dos primeiros missionários. Em outras palavras, existe uma herança espiritual apostólica em minha linhagem familiar.

Capítulo 10

Aproximei-me de meu pai, que também era missionário na América Latina, e lhe pedi que me abençoasse. Sabia que já estava vivendo minha herança espiritual, mas também tinha conhecimento a respeito do poder da transferência de bênçãos de uma geração para a outra — a passagem do bastão. Pouco tempo depois de receber essa oração, experimentamos um enorme crescimento em nosso ministério. Eu tinha consciência de que poderia acessar tudo isso, mas precisei dar um passo ousado de fé, para pedir por essa herança. Aprendi que nos abençoar com Suas riquezas é algo que sempre está no coração de Deus, pois isso afirma que somos Seus filhos.

Incentivo você a encontrar alguma lacuna em suas crenças sobre as bênçãos. Então, busque-as e seja implacável como Jacó, quando ele lutou com Deus (cf. Gênesis 32.22-32). Deixe isso reformar ou remediar sua visão de nosso Pai Celestial. Ele não é mesquinho, mas generoso e cheio de graça (cf. Salmos 103.8).

O MILAGRE QUE ACONTECE DENTRO DE VOCÊ É MAIOR

Em nossa vida, todos nos deparamos com montanhas. Em outras palavras, enfrentamos circunstâncias ou desafios opressores e intransponíveis. Apenas lembrar um desses momentos pode nos drenar emocionalmente. Quando nos vemos diante desses montes, normalmente, oramos para que eles se movam, fazendo referência a Marcos 11.22-23, que diz:

MILAGRE em MEIO à DOR

> *Ao que Jesus lhes disse: — Tenham fé em Deus. Porque em verdade lhes digo que, se alguém disser a este monte: "Levante-se e jogue-se no mar", e não duvidar no seu coração, mas crer que se fará o que diz, assim será com ele.*

Costumamos orar para que a montanha em nosso caminho seja removida. Sabemos que esse é um milagre que requer muita fé e sentimos que precisamos disso. Amo clamar e ver Deus agir de maneiras extraordinárias, mas, ao longo dos anos, também aprendi uma oração diferente.

Se também podemos caminhar ao redor do monte ou por cima, por que preferimos que ele se mova? Será que nossas circunstâncias atuais estão, realmente, impedindo-nos de chegar ao nosso destino ou são apenas um incômodo? Precisamos que a montanha se mova porque sua mera presença ameaçadora nos paralisa? Quando caminhar ao redor ou escalar não é uma opção viável, e não enxergamos o romper que esperávamos, consideramos que pode ser o plano de Deus nos tornar maior do que o monte, a ponto de ele parecer apenas um montinho de terra[2]?

---

[2] N. T.: A palavra usada originalmente pelo autor é *molehill*, ou montanha de toupeira. Trata-se de um montinho de terra bem pequeno. É o solo que se levanta quando pequenos mamíferos escavadores, como a toupeira, cavam um buraco. MOLEHILL. *In*: OXFORD advanced learner's dictionary. 5. ed. Reino Unido: Oxford University Press, 1995.

Capítulo 10

Há momentos em que o Senhor deseja desenvolver nosso caráter para que, ao enfrentar montanhas, o tamanho delas não nos intimide. Essencialmente, o milagre que Deus faz **em** nós é maior do que aquele que Ele pode fazer **por** nós ou **através** da nossa vida.

> **Essencialmente, o milagre que Deus faz *em* nós é maior do que aquele que Ele pode fazer *por* nós ou *através* da nossa vida.**

Mover montanhas parece uma tarefa árdua e dolorosa às vezes, mas, com Deus, tudo é possível (cf. Lucas 1.37). Seu objetivo principal não é remover os obstáculos de nossos caminhos. Afinal, isso seria conveniente para nós, mas Ele tem um propósito maior para as dificuldades, que é o milagre que pretende fazer em nosso interior. Seu plano é continuar nos santificando. Assim, Ele se concentra no que está dentro de nós.

Todas as expressões externas de Sua glória e poder devem estar profundamente enraizadas em quem somos n'Ele. O Senhor deseja que cresçamos para sermos pessoas com substância, ao invés de superficialmente vistosas com almas vazias. Ao olharmos para os empecilhos em nossas vidas, oramos: "Deus, continue a fazer um milagre em mim, para que eu possa superar essa situação". Comprometa-se a se tornar um gigante espiritual, que pode saltar montanhas em vez de continuar sendo uma criança.

Em João 8.36, Jesus disse que "Se, pois, o Filho os libertar, vocês serão verdadeiramente livres". Por meio da Sua morte na cruz e da Sua vitória, fomos libertos.

Se isso é verdade, por que muitos de nós ainda lutamos contra o pecado em nossa vida? Já não fomos remidos? De certa forma, sentimos que ainda somos escravos e não experimentamos totalmente a liberdade que temos em Jesus.

Um amigo meu, que é profeta, explicou o seguinte: "Para aqueles que estão em Cristo, o oposto da escravidão não é a liberdade, mas a maturidade". Quando ouvi essas palavras pela primeira vez, elas me atingiram como uma tonelada de tijolos. Não posso permitir que minhas experiências de luta contra o pecado neguem a verdade da minha liberdade em Cristo. A verdade do que Ele declara sobre mim e o poder da Sua ressurreição devem superar minha experiência. A questão passa a ser o meu nível de maturidade espiritual. Se estou constantemente batalhando contra certos comportamentos ou atitudes ímpias, provavelmente não me desenvolvi o suficiente em alguma área de meu caráter, e Deus quer trabalhar justamente nela.

A maturidade não surge simplesmente por tentarmos obtê-la com mais afinco, mas por nos rendermos totalmente ao senhorio de Cristo, por depender completamente da obra do Espírito Santo e por ter diligência com as disciplinas espirituais. A dedicação deliberada ao nosso desenvolvimento e formação espiritual é a chave.

Um passo prático nesse sentido é começar a aplicar a palavra "coerência" ao seu dia a dia. A sua vida privada está de acordo com a vida pública? Seus pensamentos

Capítulo 10

e ações condizem entre si? Suas orações, pedindo graça e misericórdia ao Senhor, combinam com a graça e misericórdia que você demonstra aos demais? O modo como você ama os outros está alinhado com a maneira como Deus o ama? Seja autêntico e remova qualquer fachada. Isso o leva a desenvolver integridade e caráter. É assim que você cultivará maturidade espiritual em sua vida.

O Pai deseja profundamente realizar milagres em nós, e Ele faz isso desenvolvendo nosso caráter e integridade. Ele quer que todos cresçamos e nos tornemos maduros em nossa fé. Às vezes, esse processo pode ser doloroso, mas tem um valor inestimável. Milagres dentro de nós constroem maturidade, para que possamos viver em liberdade e superar qualquer montanha com a qual nos depararmos ao longo do nosso caminho. A verdadeira liberdade é assim.

Este livro foi produzido em Adobe Garamond Pro 12 e impresso pela Gráfica Promove sobre papel Pólen Natural 70g para a Editora Quatro Ventos em novembro de 2022.